ELISABETTA **STROPPIANA** LUIGI **SOLINAS**

2

VOI SIETE
IL SALE DELLA TERRA

hihfhi8xuzumm4hr

SOCIETÀ EDITRICE INTERNAZIONALE - TORINO

Coordinamento editoriale: Lia Ferrara
Progetto editoriale: Rosalba Maestro
Redazione: Capoverso srl - Torino, Paola Cotto
Ricerca iconografica: Silvia Giraudo, Rosalba Maestro
Coordinamento tecnico: Michele Pomponio
Progetto grafico: Piergiuseppe Anselmo
Impaginazione: Capoverso srl - Torino
Copertina: Piergiuseppe Anselmo
Coordinamento multimediale: Nicola Prinetti
Redazione multimediale: Silvia Giraudo

07317

Le immagini provengono dall'archivio SEI
I brani biblici sono tratti dalla versione ufficiale a cura della CEI © 2008 *Fondazione di Religione Santi Francesco d'Assisi e Santa Caterina da Siena* per gentile concessione.

E. Stroppiana – L. Solinas
Voi siete il sale della terra
Volume per il secondo anno
Testo per l'IRC nella Scuola Secondaria di primo grado
Società Editrice Internazionale

Nulla osta della Conferenza Episcopale Italiana (Prot. N. 40/2013)
Roma, 21 gennaio 2013

✠ **Angelo Card. Bagnasco**
Presidente

Imprimatur (Prot. N. 1/13)

Torino, 28 gennaio 2013

CURIA METROPOLITANA ✠ ARCIDIOCESI DI TORINO

mons. Valter Danna
Vicario Generale

AZIENDA CON SISTEMA DI GESTIONE QUALITÀ CERTIFICATO DA DNV GL = ISO 9001 =

www.seieditrice.com

Prima edizione: 2013

Ristampa
5 6 7 8 9 10
2018 2019 2020 2021

Stampa: Bona S.p.a – Torino

Indice

Legenda

I simboli seguenti, presenti all'interno del volume, rimandano rispettivamente a materiali digitali:

- GALLERY — **GALLERIA** di immagini
- SEGUE — **PROSEGUIMENTO** della trattazione
- INTERATTIVA — **CARTA INTERATTIVA** proiettabile su LIM e ingrandibile
- VIDEO — **VIDEO** a supporto e approfondimento
- INTERATTIVA — **VERIFICA INTERATTIVA** delle conoscenze e delle abilità
- INTERATTIVA — **MAPPA INTERATTIVA** degli argomenti trattati

Presentazione

Questo corso per l'IRC ha alle spalle una tradizione consolidata, che ne ha fatto un classico tra i testi di taglio antropologico-culturale.

Conservando le sue caratteristiche di base e una forte attenzione all'educazione religiosa, è stato rinnovato e posto al passo con le attuali esigenze del mondo scolastico grazie a due operazioni, entrambe di significativa valenza pedagogico-didattica.

La prima riguarda l'adeguamento ai nuovi Traguardi per le competenze in uscita della Scuola secondaria di I grado (siglati dalla CEI e dal MIUR nel 2009), con la dichiarazione in ogni unità dei Nuovi obiettivi formativi, che si riferiscono ai quattro ambiti individuati dal documento della Riforma.

Questa nuova strutturazione determina consistenti cambiamenti sulla parte operativa, che propone attività non solo per il rilevamento di conoscenze e abilità, ma anche delle competenze disciplinari.

Il carattere fortemente interdisciplinare del testo fa sì che vengano suggerite anche verifiche per lo sviluppo di alcune competenze trasversali (le cosiddette "competenze-chiave", ad esempio quelle sociali e relazionali, quelle che riguardano la progettualità, l'autonomia e la responsabilità...). In questo modo l'IRC coopera a pieno titolo alla formazione dello studente secondo i nuovi Profili, interagendo in modo attivo con le altre discipline.

La seconda novità è un adeguamento alle recenti disposizioni previste dal MIUR, che riguardano l'essenzializzazione dei contenuti e la realizzazione di una parte multimediale complementare al cartaceo.

Per ottemperare a questa necessità il testo propone una trattazione agile ed essenziale dei saperi fondamentali dell'IRC, completata da approfondimenti e dalla proposta di documenti, ciascuno legato ad ampliamenti digitali sotto forma di testi, video, animazioni, gallery fotografiche, che completano in modo significativo l'offerta del testo.

Si tratta dunque di un testo agile e al passo con i tempi, che grazie alla sua flessibilità si presta a un utilizzo a vari livelli ed è quindi utile per una didattica personalizzata.

Soprattutto è un libro moderno, che, oltre a un utilizzo tradizionale, è ideale per una fruizione attraverso la LIM, offrendosi agli studenti delle nuove generazioni come strumento godibile e accattivante, che sfrutta veicoli cognitivi non tradizionali.

Un vaso in cocci

Anno astrale 81, 203 dell'era post-terrestre, 3203 del calendario cristiano, anno mundi 6963 secondo il calendario ebraico, 2581 dell'era islamica. Gaia era cresciuta. Un anno, sulla Terra o nel buio cielo di Exodus, non è grande cosa, solo una cifra in più, ma un anno per una ragazzina di dodici è... "molto, molto importante", diceva Gaia.

Le lezioni del primo anno tenute dal maestro Jered avevano suscitato in lei forte interesse e grandi domande. In particolare Gaia intendeva comprendere meglio la sua religione. Nonostante i suoi dodici anni, non capiva ancora bene che cosa significasse "essere cattolica". Aveva quindi cominciato a indagare. Ma... che confusione! La storia terrena della sua Chiesa era complessa; ed era turbata da alcuni avvenimenti che mal si conciliavano con la dolce figura di Gesù. Perché? Poi, continuando nell'indagine, aveva scoperto che diversi credenti – cattolici, ortodossi, protestanti, libere Chiese –, si richiamavano al nome di Gesù il Cristo. Aveva inoltre appurato che queste divisioni erano ancora presenti nella comunità di Exodus. Perché tante Chiese? Qual è la "vera" Chiesa di Gesù? Immaginate la gioia di Gaia quando apprese che gli incontri di religione di maestro Jered avrebbero avuto come argomento la Chiesa. Che cosa avrebbe detto? Avrebbe dato risposta alle sue domande?

Maestro Jered entrò in classe. Prisca notò che non aveva in mano il suo inseparabile libro ma una scatola. Che cosa conteneva? Maestro Jered salutò i ragazzi e aprì la grossa scatola. Lentamente ne trasse tanti cocci, che sistemò sulla cattedra. Erano molto belli, tutti colorati, con vari disegni e simboli. "Che cosa sono?" domandò, mostrandoli ai ragazzi. "Dei cocci", rispose Francesco. "Dei simboli", affermò Rachele. "Dei disegni", urlò Sayid. "Messaggi criptati", sentenziò Xue con uno spavaldo sorriso.

"Vediamo", riprese maestro Jered. Chiamò i ragazzi attorno a sé e propose: "Proviamo a usare questi cocci come se fossero i pezzi di un puzzle". I ragazzi cominciarono a unire i vari cocci colorati... Sorpresa! Dopo un'accurata opera di ricostruzione, ecco il risultato: "È un vaso!" esclamò Gaia.

"Esatto", affermò maestro Jered. Proseguì: "Proviamo a pensare alla Chiesa di Cristo come a un antico e magnifico vaso. Un vaso che, nel tempo, si è crepato e poi si è rotto. Ma un saggio anziano con i capelli bianchi si è affannato molto per rimettere insieme questi cocci. E dopo di lui altri saggi Padri, che si sono seduti sullo stesso soglio che ancora oggi accoglie il Pastore dei cattolici. In se stessi questi cocci sono molto belli, colorati, pieni di disegni e di rilievi. Preziosi nel loro piccolo. Solo se uniti, però, solo se insieme, danno forma al vaso. Quell'unico vaso, allora, può essere riempito del sale che darà sapore alla vita di ogni credente".

1

Il popolo della nuova Alleanza

Scoprire il “sapore” della Chiesa degli apostoli

Maestro Jered entrò in classe. Gaia notò che questa volta aveva in mano l’inseparabile libro. Su Exodus non era facile trovare veri libri. Tutti potevano facilmente procurarsi i testi più disparati collegando il proprio tablet all’Intra Text Digital Library. Maestro Jered era fra i pochi a possedere quella che gli antenati terrestri chiamavano “biblioteca”. Riguardo alla biblioteca di maestro Jered circolavano, su Exodus, autentiche leggende. Si favoleggiava che fosse riuscito a raccogliere quasi tutti i libri salvati dalla catastrofe dell’anno 3000. Maestro Jered posò l’antico volume sul suo tavolo e, chiamati i ragazzi intorno a sé, cominciò a sfogliarlo. Poi chiese a Gaia di fare una strana cosa: “Tocca la copertina di cuoio e definisci il sapore che ha lasciato sul tuo dito”. “Sa di sale!” esclamò Gaia. “Questo libro – proseguì maestro Jered – si intitola Atti degli Apostoli e narra dell’origine della Chiesa. Come il sale esalta il sapore dei cibi, così il libro degli Atti fa scoprire ai credenti il sapore della Chiesa primitiva, l’ardore di Pietro e Paolo, le colonne della Chiesa degli apostoli, la passione dei primi credenti”.

Come si trasmettono i contenuti?

A un certo punto della sua storia l’uomo inventò la scrittura per “fissare” le situazioni più importanti della sua vita, la cui memoria doveva durare nel tempo. Resi permanenti, i contenuti significativi della storia umana furono affidati prima a tavolette, poi a papiri, a pergamene e, infine, alla carta. Gli scritti vennero raccolti prima in forma di codice, poi di libro. E in futuro?

- Come verrà trasmesso ciò che è importante in una società in cui il libro di carta è (forse) destinato a scomparire?
- Dove leggi e dove scrivi ciò che ti serve e ciò che ti interessa?
- La ricerca di contenuti in internet, secondo te, assomiglia di più a una strada: 1. tortuosa e piena di deviazioni; 2. di facile percorribilità; 3. che porta dritto alla meta; 4. molto trafficata.

A partire da questi suggerimenti, scrivi qual è il tuo pensiero.

OBIETTIVI

- Approfondire l’identità storica, la predicazione e l’opera di Gesù e correlarle alla fede cristiana che, nella prospettiva dell’evento pasquale (passione, morte e risurrezione), riconosce in Lui il Figlio di Dio fatto uomo, Salvatore del mondo che invia la Chiesa nel mondo.
- Conoscere l’evoluzione storica della Chiesa, realtà voluta da Dio, articolata secondo carismi e ministeri, nella quale agisce lo Spirito Santo.
- Comprendere il significato principale dei simboli religiosi.
- Riconoscere il messaggio cristiano nell’arte e nella cultura in Italia e in Europa, nell’epoca tardo-antica.

DIO E L’UOMO IL LINGUAGGIO RELIGIOSO

COMPETENZE

- L’alunno individua nella fondazione della Chiesa una tappa della storia della salvezza.
- Ricostruisce gli elementi fondamentali della storia della Chiesa a partire dal cristianesimo delle origini.
- Sa riconoscere alcuni linguaggi espressivi della fede e individuarne le tracce presenti in ambito locale, italiano, europeo e nel mondo, imparando ad apprezzarli dal punto di vista artistico, culturale e spirituale.

1 La Chiesa delle origini

LA PRIMA COMUNITÀ CRISTIANA

La morte in croce di Gesù provocò negli apostoli un primo momento di paura e di scoraggiamento, ma in seguito alle apparizioni del loro Maestro e dietro precise istruzioni di Gesù, essi cominciarono a proclamare il Vangelo: **il Regno annunciato era presente e aperto a tutti e la salvezza consisteva nel credere che Gesù morto e risorto sarebbe tornato presto**.
Si formò così la **prima comunità cristiana**, la "comunità dei credenti", cioè le persone che credettero al Vangelo di Gesù e alla sua risurrezione predicata dagli **apostoli**. Di questa comunità si hanno alcune informazioni negli scritti del Nuovo Testamento (N.T.): in particolare, gli **Atti degli Apostoli** e le **Lettere di Paolo** (rivolte a varie comunità cristiane delle origini dall'apostolo Paolo di Tarso; vedi p. 24) ne illustrano i tratti caratteristici, permettendo così di individuare gli aspetti fondamentali della comunità cristiana di tutti i tempi, la **Chiesa**.

Chiesa
Il termine (dal greco *ecclesía*, "assemblea") indica l'insieme di coloro che sono chiamati da Dio a seguire gli insegnamenti del Vangelo e a celebrare l'eucaristia.
La parola *Chiesa* può indicare aspetti diversi della medesima realtà:
- la comunità dei credenti, cioè di coloro che vivono, annunciano e testimoniano la fede in Gesù (*Chiesa universale*);
- la comunità di credenti appartenenti a un territorio delimitato (*Chiesa locale*);
- il luogo di culto dove i cristiani celebrano l'eucaristia (*chiesa*, edificio sacro).

LO SPIRITO SANTO SCENDE SUGLI APOSTOLI

Il primo capitolo degli Atti degli Apostoli si apre con la stessa scena con cui si chiude il Vangelo di Luca: il racconto delle apparizioni e l'ascensione di Gesù al cielo.
Dopo l'ascensione, in sostituzione di Giuda, fu scelto **Mattia** per riportare a dodici il numero degli apostoli.
Mentre si celebrava a Gerusalemme la festa di **Pentecoste**, gli **apostoli**, insieme a Maria, madre di Gesù, furono **protagonisti di un avvenimento straordinario**, destinato a rappresentare una svolta nella loro vita e nella storia della Chiesa: la **discesa dello Spirito Santo** su di loro. Cinquanta giorni dopo la risurrezione di Gesù, quando il giorno di Pentecoste stava per finire e gli apostoli si trovavano tutti insieme nel cenacolo, lo Spirito profetico si effuse su di loro, attraverso una **teofania** (letteralmente "manifestazione di Dio"). Gli apostoli vennero consacrati a essere **missionari del Vangelo in ogni parte della Terra e per tutti gli uomini** (lo Spirito, infatti, permetteva loro di esprimersi in ogni lingua): **fu l'inizio della Chiesa voluta da Cristo**.

Pentecoste
In greco vuol dire "cinquantesimo (giorno)". È il nome di un'antica festa ebraica, celebrata sette settimane dopo la Pasqua, che ricorda la consegna della Legge a Mosè e la conclusione dell'Alleanza sul monte Sinai.

IL DISCORSO DI PIETRO

Dopo l'effusione dello Spirito a Pentecoste, **Pietro** si rivolse alla folla riunita (At 2,14-38) sottolineando l'importanza di **credere in Gesù come Messia**. Il discorso di Pietro comprende molte citazioni dell'Antico Testamento (A.T.), che hanno lo scopo di mettere in luce **la coerenza tra l'annuncio profetico**, riguardante la venuta di un Messia, e **gli avvenimenti della morte e della risurrezione di Gesù**. Il discorso di Pietro è detto **kerigmatico** (dal greco *kérygma*, "annuncio"), in quanto proclama solennemente il valore di salvezza della venuta di Gesù, della sua morte e risurrezione.
All'udire le parole di Pietro, i presenti accolsero la Parola e vennero battezzati.

RISORSE DIGITALI
LEGGIAMO LE FONTI
- Le istruzioni di Gesù
- Il discorso di Pietro

APPROFONDIAMO...
- L'apostolo Mattia
- Le azioni dello Spirito Santo

approfondiamo...

Gli Atti degli Apostoli

Tra i testi fondamentali della fede cristiana, appartenente al canone del Nuovo Testamento, il libro degli Atti degli Apostoli è opera di Luca, autore di una delle versioni del Vangelo e collaboratore di Paolo di Tarso. Destinatari immediati dell'opera furono i cristiani della seconda e terza generazione; gli intenti dell'autore furono principalmente di fissare per iscritto i momenti fondamentali vissuti dalla Chiesa apostolica, dimostrando come si stesse realizzando il progetto di Dio di diffondere la rivelazione a tutti i popoli. Scritti in greco, verso l'80 d.C., dopo la caduta di Gerusalemme ad opera dei romani (70 d.C.), gli Atti riportano una serie di memorie storiche riguardanti la diffusione del cristianesimo delle origini attraverso l'attività dei primi missionari, tra i quali, in particolare, gli apostoli Pietro e Paolo. L'azione degli apostoli, inviati a predicare il Vangelo, è vista come attiva, libera e responsabile risposta degli uomini all'iniziativa e alla proposta di salvezza presentata loro dallo Spirito, che è Signore e Dio.

SEGUE

leggiamo le fonti

La discesa dello Spirito Santo sugli apostoli

Mentre stava compiendosi il giorno della Pentecoste, si trovavano tutti insieme nello stesso luogo. Venne all'improvviso dal cielo un fragore, quasi un vento che si abbatté impetuoso, e riempì tutta la casa dove stavano. Apparvero loro lingue come di fuoco, che si dividevano, e si posarono su ciascuno di loro, e tutti furono colmati di Spirito Santo e cominciarono a parlare in altre lingue, nel modo in cui lo Spirito dava loro il potere di esprimersi.

Abitavano allora a Gerusalemme Giudei osservanti, di ogni nazione che è sotto il cielo. A quel rumore, la folla si radunò e rimase turbata, perché ciascuno li udiva parlare nella propria lingua. Erano stupiti e, fuori di sé per la meraviglia, dicevano: "Tutti costoro che parlano non sono forse Galilei? E come mai ciascuno di noi sente parlare nella propria lingua nativa? Siamo Parti, Medi, Elamiti, abitanti della Mesopotamia, della Giudea e della Cappadòcia, del Ponto e dell'Asia, della Frìgia e della Panfìlia, dell'Egitto e delle parti della Libia vicino a Cirene, Romani qui residenti, Giudei e prosèliti, Cretesi e Arabi, e li udiamo parlare nelle nostre lingue delle grandi opere di Dio".

Tutti erano stupefatti e perplessi, e si chiedevano l'un l'altro: "Che cosa significa questo?". Altri invece li deridevano e dicevano: "Si sono ubriacati di vino dolce".

At 2,1-13

Duccio da Buoninsegna, *Pentecoste*, 1308-1311; Siena, Museo dell'Opera del Duomo.

GALLERY

leggiamo l'immagine

Gli apostoli nell'arte

GALLERY

Tutte le figure divine, gli angeli, i santi, i martiri, la stessa Maria e le Persone della Trinità sono rappresentate in modo da essere sempre riconoscibili attraverso abiti, oggetti, atteggiamenti del corpo che rimandano alla loro storia. Chi guarda l'immagine, attraverso questi elementi può capire di chi si tratta, anche se non è detto esplicitamente. Anche i dodici apostoli, i primi compagni di Gesù, e Mattia (che sostituì Giuda Iscariota) sono stati rappresentati secondo convenzioni che si sono tramandate nei secoli.

Andrea

Il principale attributo iconografico dell'apostolo Andrea è la **croce decussata**, cioè con i bracci disposti a forma di X; altri attributi sono le **reti** da pescatore e la **fune** con cui fu legato alla croce. Molto frequenti nell'iconografia sono la rappresentazione della sua **chiamata**, insieme al fratello Pietro, da parte di Gesù, nonché il suo **martirio** sulla croce.

Sant'Andrea, miniatura dal Salterio Oscott, 1270 circa; Londra, British Museum.

Bartolomeo

Secondo la tradizione più diffusa, l'apostolo Bartolomeo patì il supplizio dello scuoiamento o scorticamento. Ecco perché ha come attributo, quasi fosse un mantello, la sua stessa **pelle**, sulla quale in alcune raffigurazioni è possibile scorgere il suo volto.

Michelangelo Buonarroti, *L'apostolo Bartolomeo*, 1535-1541; Città del Vaticano, Cappella Sistina.

Filippo

L'attributo principale di Filippo è una **croce** (a volte rovesciata poiché, secondo alcune fonti, sarebbe stato crocifisso a testa in giù come l'apostolo Pietro) che, in genere, si distingue per le sue piccole dimensioni. Altri attributi, meno frequenti, sono il **drago** e le **pietre** della lapidazione.

Philippe de Champaigne, *L'apostolo Filippo*, 1649; Parigi, Louvre.

Giacomo maggiore

Le rappresentazioni più antiche lo raffigurano come apostolo, con la tunica, i piedi scalzi e con in mano il **libro**, o il **rotolo**, che simboleggia la missione apostolica. Talvolta può esservi anche la **spada** della decapitazione. Come pellegrino, indossa **mantello** e **bordone**, un **cappello** ad ampie falde per proteggersi dal sole, e reca con sé una **borraccia** o una **zucca** per l'acqua e una **bisaccia** per le provviste e la **conchiglia** usata per raccogliere le offerte, simbolo del pellegrinaggio a Santiago de Compostela.

San Giacomo, statua sulla facciata della cattedrale di Santiago de Compostela.

Giacomo minore

La classica iconografia pone in risalto il **bastone** del martirio e il **libro** delle Sacre Scritture, classico attributo degli apostoli. Nel caso di Giacomo minore, però, può esservi un rimando alla "Lettera di Giacomo", la prima delle "lettere cattoliche" incluse nel Nuovo Testamento. Poiché, secondo la tradizione, fu il primo vescovo di Gerusalemme, talvolta è raffigurato in **abiti vescovili**.

Francisco de Zurbarán, *San Giacomo minore*, 1633; Lisbona, Museo Nazionale di Arte Antica.

Giovanni

Il suo attributo principale è l'**aquila**; altri sono il **calice** da cui esce un **serpente**, la **palma**, i **quattro cavalieri dell'Apocalisse**, raffigurati come scheletri a cavallo che rappresentano conquista, guerra, fame e morte. Come evangelista, è rappresentato con il **rotolo** in mano, oppure mentre è **intento a scrivere**.

Timofei Semionovich (attribuito a), *San Giovanni Evangelista*, 1770 circa; Miskolc (Ungheria), Museo della Chiesa greco-ortodossa.

Giuda Iscariota

Dal punto di vista fisiognomico, Giuda non presenta particolari attributi nell'iconografia: abbastanza giovane, può essere raffigurato con o senza barba, capelli mossi, vestito con una semplice tunica. A causa del tradimento e del suicidio, suoi attributi sono il **sacchetto con i soldi** e il **cappio**. Ma Giuda è riconoscibile, nell'iconografia, soprattutto per via delle sue azioni durante l'Ultima Cena e nella fase che precede l'arresto di Gesù.

José Ferraz de Almeida Júnior, *Il rimorso di Giuda*, 1880; Rio de Janeiro, Museo Nazionale di Belle Arti.

Mattia

Il suo attributo principale è la **scure** con cui subì il martirio, sostituita talvolta da un'**alabarda** o da una **spada**.

Peter Paul Rubens, *San Mattia*, 1611 circa; Madrid, Museo del Prado.

Pietro

Attributo fondamentale di Pietro sono le **chiavi**, simbolo della sua speciale missione apostolica e del potere spirituale conferitogli direttamente da Gesù. Le chiavi raffigurate sono principalmente due: quella del Paradiso, dorata, e quella dell'Inferno, argentea. Tuttavia le chiavi possono anche essere tre, a significare il potere nei cieli, sulla terra e negli inferi, oppure una sola poiché il potere è uno.

Francesco Fracanzano, *San Pietro*, 1635 circa; Lecce, Chiesa di Sant'Antonio da Padova.

Giuda Taddeo

I simboli del martirio di Giuda Taddeo sono i più vari, a seconda della leggenda o del testo apocrifo di riferimento, perciò l'apostolo può essere raffigurato con un'**alabarda**, un'**ascia**, una **spada**, un **bastone**, ma anche con una **croce dalla lunga asta**, che significa che morì per la croce.

Georges de La Tour, *San Giuda Taddeo*, 1615-1620; Albi, Museo Toulouse-Lautrec.

Matteo

È raffigurato soprattutto come evangelista; il più diffuso attributo iconografico di Matteo è infatti l'**angelo** che lo ispira durante la stesura del Vangelo.

Guido Reni, *San Matteo e l'angelo*, 1635-1640; Città del Vaticano, Musei Vaticani.

Simone lo Zelòta

Il suo attributo principale è la **sega** del martirio, presente nella stragrande maggioranza dell'iconografia.

Antoine de Lonhy, *San Simone*, 1462-1470; Torino, Museo Civico d'Arte Antica.

Tommaso

Nell'iconografia, la rappresentazione più frequente è quella che mostra Tommaso **in atto di porre il dito nella piaga del costato di Gesù** (Gv 20,24-29). A causa della sua incredulità l'apostolo è diventato il simbolo di tutti coloro che, per credere, devono "toccar con mano", tanto che Gesù stesso gli si rivolge con le famose parole: *"Perché mi hai veduto, tu hai creduto; beati quelli che non hanno visto e hanno creduto!"*.

Duccio di Buoninsegna, *Incredulità di san Tommaso*, retro della *Maestà*, 1308-1311; Siena, Museo dell'Opera del Duomo.

2 La testimonianza della comunità cristiana

I VALORI E I RITI DELLA NUOVA COMUNITÀ

Luca illustra la vita e la testimonianza della prima comunità cristiana, delineando così una mappa d'orientamento ai **valori** che la Chiesa ha il compito di promuovere nel suo cammino, in ogni tempo, seppure tra innumerevoli difficoltà:

- **l'amore fraterno**;
- **la capacità di condividere con solidarietà**;
- **lo spirito di servizio**;
- **il disinteresse per sé**.

In particolare, la comunità delle origini viene descritta come sorretta da **quattro colonne spirituali**:

- **l'insegnamento degli apostoli**;
- **la comunione fraterna dei beni**;
- **la "frazione del pane"** (cioè l'atto eucaristico con cui il pane viene spezzato e distribuito ai fedeli perché in esso accolgano il corpo di Cristo);
- **la preghiera**.

I primi cristiani, pur continuando a essere fedeli alle pratiche religiose del popolo ebraico, cominciarono gradualmente a sentirsi una comunità diversa da quella ebraica e si orientarono verso **uno stile di vita nuovo,** modello per la Chiesa di ogni tempo. L'ingresso nella nuova comunità era segnato dal rito del **battesimo**.

LA CHIESA DI OGGI COME LA PRIMA COMUNITÀ

Dall'effusione dello Spirito Santo sugli apostoli nel giorno di Pentecoste, la Chiesa diventa **missionaria**, cioè consapevole di essere mandata ad **annunciare il Vangelo a tutti gli uomini** di ogni tempo in tutto l'universo. Dopo la morte degli apostoli l'annuncio kerigmatico è stato continuato dai loro successori (i vescovi con il Papa): **la Chiesa, ancora oggi, continua a portare nel mondo il medesimo annuncio di salvezza attraverso il suo insegnamento**, detto "magistero" e a proporre gli stessi valori di vita dei primi cristiani.

Possiamo riassumere il senso della vita della prima comunità (e quindi della Chiesa di oggi) nella pratica dell'**agápe** fraterna, **un amore che vuole il bene altrui**.

Un'altra caratteristica della comunità è la **preghiera** sia individuale sia comunitaria: il **porsi in relazione con Dio con amore riconoscente e fiducioso**, per lodarlo e ringraziarlo e per domandare aiuto e perdono. È un dialogo costante con Dio che alimenta la vita di tutta la Chiesa.

RISORSE DIGITALI

APPROFONDIAMO...
- Battesimo di salvezza e battesimo di purificazione

LEGGIAMO LE FONTI
- La comunione fraterna

Agápe
È un termine greco che significa "amore", un amore disinteressato, come quello che Dio prova per gli uomini. Nei primi secoli, nel contesto cristiano, con questo termine ci si riferiva alla celebrazione dell'eucaristia: la frazione del pane era fatta precedere da un pasto fraterno che esprimeva l'unione di coloro che erano accomunati dal credere in Dio.

leggiamo le fonti

La prima comunità cristiana

Salito Gesù al cielo, gli Atti si concentrano sulla comunità di Gerusalemme e ne raccontano i primi passi. All'inizio sono poche persone, che vivono insieme nello stesso luogo: gli apostoli, alcune donne, Maria, i fratelli di Gesù; un altro centinaio di persone simpatizza per questo piccolo gruppo. Alla fine invece sono una comunità composta da più di tremila uomini e donne, che vivono ciascuno a casa propria e si ritrovano per i momenti di preghiera e di condivisione fraterna. Che cosa ha permesso una crescita così grande in così poco tempo? La risposta è semplice: la Pentecoste. Già un piccolo aumento numerico c'era stato quando Pietro decide di colmare con Mattia il posto lasciato vacante da Giuda; ma è ben poca cosa. È la discesa dello Spirito Santo, nel giorno di Pentecoste, a fare il cambiamento. Forse conviene precisare: non tanto i fatti esteriori, quali terremoto e lingue di fuoco, e neppure il dono di parlare lingue diverse riescono a convincere gli ascoltatori. Ma quando Pietro, pieno di Spirito Santo, annuncia la morte e la risurrezione di Gesù, allora smuove il cuore di coloro che lo ascoltano e questi decidono di aderire alla comunità. Sarà un ritornello frequente nel libro degli Atti: è l'annuncio del Vangelo che attira nuovi membri alla Chiesa.

G. Ravasi (a cura di), *La nuova Bibbia per la famiglia*,
San Paolo, Cinisello Balsamo (MI) 2009

GALLERY

Agápe (il banchetto fraterno celebrato dalle prime comunità cristiane), affresco, IV secolo; Roma, Catacombe di Pietro e Marcellino.

approfondiamo...

La forza dello Spirito Santo

È dunque lo Spirito Santo che, riversato sui discepoli, dà inizio a una nuova era, con l'annuncio del Vangelo, accompagnato da fatti straordinari: rende capaci di annunciare la Parola con franchezza, come fecero Pietro e Giovanni davanti al Sinedrio (At 4,8-14; 5,29-32) e come fece Stefano, che coronò la sua predicazione con il martirio (At 6,8-7,60). L'incapacità e la debolezza dei discepoli sono superate grazie alla forza dello Spirito e la comunità sperimenta nella preghiera altri effetti dello Spirito: prudenza e forza, che aiutano a superare le opposizioni e a organizzare la Chiesa.

Vittore Carpaccio, *Lapidazione di santo Stefano*, 1520 circa; Stoccarda, Staatsgalerie.

approfondiamo...

I simboli usati dai primi cristiani

Nell'arte cristiana antica sono presenti di frequente immagini che si possono definire simboliche, perché collegano una figura visibile (un pesce, un pane, un pavone, una colomba ecc.) al mondo dell'invisibile, del divino. Chi vede l'immagine e conosce il suo significato religioso ne comprende pienamente il valore, mentre chi non fa parte della religione cristiana non va oltre la funzione decorativa della figura. Attraverso i simboli si rappresentavano i concetti fondamentali della religione, in particolare si faceva riferimento alla figura del Cristo e alla dinamica della sua morte e risurrezione, propria del cristianesimo.

Il pesce

In molte iscrizioni presenti nei luoghi del primo cristianesimo in Occidente ricorre la parola greca *ichthús*, "pesce", che è un acronimo, cioè una parola formata dalle iniziali di altrettante parole; sta per "Gesù Cristo Figlio di Dio Salvatore". Quando nelle catacombe si trova questa scritta, o direttamente la rappresentazione del pesce, si vuole far intendere che in quel luogo si ricorda la presenza del Cristo. Nell'immagine si vedono sia la scritta sia la figura del pesce, rappresentati sulla tomba di una donna, Licinia, e indicavano così la sua speranza di risurrezione.

Lapide funeraria con il simbolo cristiano dei pesci e la parola *Ichthús* (pesce), formata dalle lettere iniziali di parole che, in greco, significano "Gesù Cristo, Figlio di Dio, Salvatore".

L'ancora

Era il simbolo cristiano della fedeltà; se rappresentato sulle tombe, era segno della salvezza che si sperava dopo la morte.
Talvolta aveva una forma crociata, fondendo insieme la croce, segno della morte, e l'ancora, segno della salvezza.

Antica stele graffita con simboli cristiani: il pesce e l'ancora.

Il buon pastore

Il simbolo che più frequentemente rappresenta il Cristo nel periodo delle origini è un pastore, che porta sulle spalle una pecora o un agnello. In altri casi Cristo è rappresentato come agnello egli stesso, perché l'agnello era un animale usato per i sacrifici. L'immagine del Cristo come agnello alludeva quindi al suo sacrificio innocente.

Il Buon Pastore, III-IV secolo; Città del Vaticano, Palazzi Vaticani, Museo Pio Cristiano.

Il monogramma

Il nome di Cristo era rappresentato attraverso due lettere greche intrecciate, *chi* e *ro*, che si scrivevano come le nostre X e P maiuscole. Molto spesso si collocavano a sinistra e a destra del monogramma altre due lettere greche, *alfa* e *omega*, che rappresentano l'inizio e la fine dell'alfabeto, intendendo così che il Cristo è avvio e conclusione di ogni cosa.

Monogramma di Cristo, IV secolo; Città del Vaticano, Musei Vaticani.

L'orante e la colomba

All'anima si richiamano due simboli molto diffusi nelle catacombe: l'orante e la colomba. L'orante appare nel gesto antico della preghiera, con le braccia aperte; in realtà questo gesto si riferisce allo stato di grazia, di salvezza, già raggiunto in Paradiso. La colomba può alludere genericamente all'anima o all'immagine dello Spirito Santo nell'episodio del battesimo di Gesù, o della salvezza operata da Dio nei confronti di Noè.

A sinistra:
Defunto orante, mosaico tombale proveniente da Tabarka, IV-VI secolo; Tunisi, Museo del Bardo.

A destra:
Colombe, V secolo; Ravenna, Mausoleo di Galla Placidia.

Il pavone

Il pavone viene raffigurato per indicare l'immortalità, perché nel mondo antico la sua carne era ritenuta incorruttibile e perché era associato al culto della dea Era, che presiedeva alle nascite. La sua immagine sarebbe quindi simbolo della vita eterna dell'anima, che "rinasce" dopo la morte.

Il pavone, mosaico, VI secolo; Ravenna, Basilica di San Vitale.

I tralci di vite

La vite, i cui tralci carichi di pampini adornano gli ambienti cimiteriali, ha più di un significato: può riferirsi al Cristo, alla Chiesa o al sangue di Cristo, nell'Ultima Cena associato al vino.

Uva e colombe su un vaso, mosaico, VI secolo; Ravenna, Basilica di San Vitale.

3 L'organizzazione della comunità cristiana

I RESPONSABILI DELLA COMUNITÀ

La **Chiesa di Gerusalemme** fu punto di riferimento di tutte le Chiese fondate dagli apostoli: i Dodici esercitarono infatti su tutte le altre comunità cristiane che via via sorsero nel bacino del Mediterraneo un'indiscussa autorità, legata alla loro esperienza di fede e al loro mandato.

Il compito primario degli apostoli fu quello di **predicare l'annuncio cristiano** e nel contempo di **organizzare le prime comunità cristiane**. Poiché la presenza dell'apostolo era temporanea – in quanto l'attività di predicazione lo portava a spostarsi in altri luoghi –, attraverso l'**imposizione delle mani**, vennero consacrati alcuni **responsabili** che dovevano guidare la comunità in sua assenza: gli **episcopi**, o **vescovi** (in greco significa "sorveglianti"). Gli episcopi convocavano i credenti per la preghiera, celebravano l'eucaristia e dovevano anche sorvegliare che la testimonianza di fede e la moralità degli appartenenti alla comunità fossero corrette.

Imposizione delle mani
È un gesto antichissimo, presente già nell'A.T., che indica il trasferimento su un'altra persona dell'autorità e del potere di chi impone le mani, benedicendola in nome della divinità.

Nella comunità di Gerusalemme (At 6,1-6) vennero istituiti **sette uomini** "*di buona reputazione, pieni di Spirito e di sapienza*", chiamati **diaconi** (cioè "servitori" della comunità), con la funzione di aiutare nell'organizzazione materiale della comunità, nell'assistenza ai bisognosi e nella predicazione della Parola di Dio e con un ruolo subordinato a quello degli apostoli.

IL PRIMATO DI PIETRO

Dagli Atti degli Apostoli e dagli altri scritti del N.T. emerge che Pietro occupò un posto di rilievo tra gli altri apostoli. **Pietro è il missionario per eccellenza**: "*... d'ora in poi sarai pescatore di uomini*" (Lc 5,10). La **consegna delle chiavi** è un'immagine simbolica che significa la sua **vocazione ad aprire la porta del Regno dei cieli con la predicazione evangelica**.

Pietro è anche il modello dei pastori, la cui autorità si fonda sul suo amore per Gesù e il cui primo dovere è **pascere il gregge**. Pietro è il confessore dell'autentica fede cristiana, è il portavoce dei Dodici. Egli, nonostante le sue debolezze, riceve dalla sola volontà di Gesù Cristo un ministero unico che lo avvicina più degli altri al suo Maestro e fa di lui la figura tipica del **discepolo**, del **credente**, del **testimone** e del **martire**. A Pietro è attribuito il primo miracolo (la guarigione di uno storpio) fatto nel nome di Gesù (At 3,1-26). Secondo la tradizione, egli **morì martire a Roma**. Sul luogo della sepoltura del santo venne eretto nel II secolo un santuario, che l'imperatore Costantino fece sostituire da una grande basilica, completata nel 349. Nel 1506 la basilica cadeva in rovina, per cui papa Giulio II vi pose la prima pietra di quella che sarebbe diventata l'attuale **basilica di San Pietro**, la più grande mai costruita (22 000 mq di superficie), cuore pulsante della cristianità.

RISORSE DIGITALI
APPROFONDIAMO...
- Filippo diacono
- La tomba di Pietro

approfondiamo...

La predicazione dell'annuncio cristiano

L'impero romano fu l'ambiente in cui si diffuse l'annuncio cristiano. Mentre per quanto riguarda la vita e i viaggi missionari dell'apostolo Paolo (vedi p. 23) si trovano ampie testimonianze sia nelle sue lettere sia negli Atti degli Apostoli, i racconti su Pietro e Giovanni sono scarsi. La vita, le opere, il martirio degli altri apostoli non sono riportati nel N.T., escluso il riferimento a Giacomo il maggiore, fratello di Giovanni, che Erode Agrippa condannò a morte a Gerusalemme nel 42.

leggiamo le fonti

La "consegna delle chiavi" a Pietro

Gesù, giunto nella regione di Cesarèa di Filippo, domandò ai suoi discepoli: "La gente, chi dice che sia il Figlio dell'uomo?". Risposero: "Alcuni dicono Giovanni il Battista, altri Elia, altri Geremia o qualcuno dei profeti". Disse loro: "Ma voi, chi dite che io sia?". Rispose Simon Pietro: "Tu sei il Cristo, il Figlio del Dio vivente". E Gesù gli disse: "Beato sei tu, Simone, figlio di Giona, perché né carne né sangue te lo hanno rivelato, ma il Padre mio che è nei cieli. E io a te dico: tu sei Pietro e su questa pietra edificherò la mia Chiesa e le potenze degli inferi non prevarranno su di essa. A te darò le chiavi del regno dei cieli: tutto ciò che legherai sulla terra sarà legato nei cieli, e tutto ciò che scioglierai sulla terra sarà sciolto nei cieli".

Mt 16,13-19

Lorenzo Veneziano, *La consegna delle chiavi a san Pietro*, 1370; Venezia, Museo Civico Correr.

GALLERY

leggiamo l'immagine

Pietro nella Cappella Brancacci

GALLERY

Nella Firenze rinascimentale, due tra i più grandi pittori del tempo, Masolino e Masaccio, affrescano una cappella di proprietà della famiglia Brancacci utilizzando un unico argomento, la vita di Pietro; ai due pittori se ne aggiunge più tardi un terzo, per completare l'opera, Filippino Lippi. Vediamo, almeno in parte, che cosa rimane del loro lavoro. Le pareti laterali raccontano a grandi "scene" molte delle azioni che compì Pietro, inquadrate a destra e a sinistra dalle figure di Adamo ed Eva, tentati dal serpente e in seguito cacciati dal Paradiso terrestre. Come mai i pittori fecero questa scelta, collegando Adamo ed Eva con Pietro? Il nesso è chiaro ed è dato proprio dall'azione di Pietro. Secondo il messaggio cristiano, infatti, da Adamo ed Eva gli uomini si trovano tutti in una condizione di peccato e hanno bisogno di essere raggiunti dalla Parola di Dio per potersi salvare. Pietro che parla con la gente, annunciando il Vangelo, compie miracoli, risuscita i morti, fa vedere che cosa ha inaugurato nella storia umana la venuta di Cristo: da una parte gli uomini che vivono con i loro limiti, portatori di un peccato che non si cancella da solo, dall'altra Pietro che annuncia il modo per poter togliere da se stessi il male, trovando una vita nuova che supera la morte. Questo significano le azioni che Pietro compie nei dipinti della cappella, quando predica, risuscita i morti, guarisce dalle malattie, insegna a vivere mettendo in comune i beni e così via.

1 Pietro annuncia il Vangelo

Pietro diffonde il Vangelo parlando agli uomini. Le azioni di Pietro, fondatore della Chiesa, rimandano a quello che, a partire da lui, è compito di tutti coloro che predicano il Vangelo: i preti, i monaci, i predicatori.

2 L'autorità di Pietro

Pietro compie un miracolo, la risurrezione del figlio di Teofilo, governatore della città di Antiochia, per ottenere la libertà dal carcere. Pur essendo morto da anni, il ragazzo torna in vita; tutta la città si converte e Pietro sale in cattedra, dimostrando la sua autorità. Anche in questo caso Pietro è immagine dell'autorità della Chiesa e del Papa, suo erede.

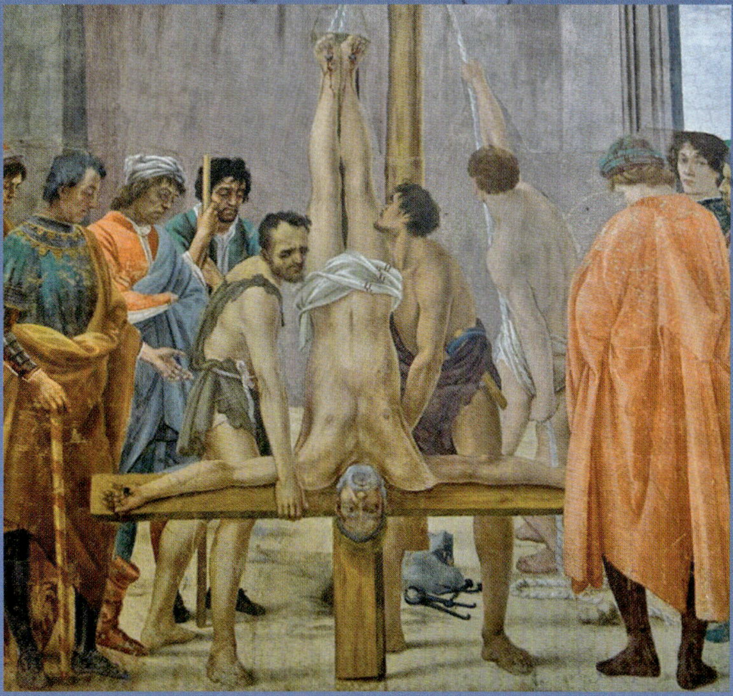

3 Pietro compie miracoli

Nell'interpretazione cristiana le malattie e la morte sono segni che significano la presenza del peccato nell'uomo. Pietro guarisce i malati e risuscita i morti, dimostrando la forza della Parola, che allontana dagli uomini la malattia e la morte più pesante, quella dell'anima.

4 Il martirio di Pietro

La conclusione del ciclo è la morte di Pietro in croce, il suo martirio, con il quale si dimostra coerente con ciò in cui crede. Nel racconto fatto dai dipinti non ci sono cedimenti: Pietro è famoso per avere rinnegato Gesù o aver tentato di sfuggire al martirio, ma qui ai miracoli segue la croce, facendo di Pietro un esempio di forza e coerenza, che insegna agli uomini come non essere privati della possibilità di raggiungere il cielo.

4 Martiri e falsi credenti

LA TESTIMONIANZA ATTRAVERSO IL MARTIRIO

Nella comunità delle origini **alcuni cristiani pagarono con la vita la fedeltà al messaggio di Cristo**. Altri invece si lasciarono corrompere da vizi tipicamente umani. L'arresto e il conseguente **martirio di Stefano**, raccontati in At 6,8-7,60, evidenziano, da un lato, le reali difficoltà di fronte alle quali si trovò, fin dall'inizio, chi apparteneva alla comunità cristiana, dall'altro, la tenacia, la fiducia e il totale abbandono a Dio di chi decideva di affidarsi a Lui.
Stefano fu il primo dei sette diaconi incaricati di occuparsi della distribuzione quotidiana dei viveri e dei beni per i poveri. È probabile che fosse un ebreo di origine ellenica, poiché proprio all'interno di quella comunità gli apostoli scelsero i primi diaconi, affidando loro la gestione dell'attività caritativa e potendo così mantenere come missione primaria quella della preghiera e della predicazione. Grande conoscitore delle Scritture, venne trascinato a Gerusalemme dinanzi al Sinedrio con l'accusa di avere pronunciato parole blasfeme contro Mosè e contro Dio, ma egli dimostrò, Scritture alla mano, che gli ebrei erano sordi allo Spirito Santo e alla chiamata di Dio. Venne allora condotto fuori città e **lapidato**. Divenne così il **primo martire della Chiesa primitiva**.
Stefano manifestò molto coraggio nell'annunciare il Vangelo, pagando con la vita la sua testimonianza, e fu modello per molti altri che seppero vivere con coerenza la propria scelta di fede fino alla morte. Luca riporta in At 6,8-7,60 un lungo discorso pronunciato da Stefano, che è il più ampio e sistematico tra quelli presenti negli Atti degli Apostoli.
Dopo Stefano furono molti i credenti sottoposti al martirio (vedi pp. 28 e 29), di cui in diversi casi restano testimonianze scritte che permisero di redigere un elenco, chiamato "martirologio", di numerose vittime.

Martire
Dal greco *mártys*, "testimone". Nel contesto cristiano indicava il fedele che, piuttosto di rinnegare la propria fede, sceglieva di affrontare persecuzioni e processi che si concludevano con la morte cruenta.

I FALSI CREDENTI

La prima comunità era minacciata dall'**ipocrisia di alcuni cristiani** che si erano **convertiti solo formalmente** e che volevano apparire solidali senza esserlo autenticamente. A titolo d'esempio possiamo citare l'episodio di **Anania e Saffira** (At 5,1-11), marito e moglie, che consegnarono alla comunità solo una parte della somma ottenuta dalla vendita di un podere. Il loro peccato viene presentato come un attentato contro la santità e l'integrità della comunità cristiana stessa. La conseguenza di questo atto è la morte per entrambi. È una morte fisica, ma soprattutto spirituale, poiché essi si sono contrapposti allo Spirito che dà la vita. Analogo è il messaggio contenuto nella vicenda di **Simon Mago** (At 8,9-24), che chiese a Pietro di avere i poteri dello Spirito Santo in cambio di denaro. **L'attaccamento ai beni materiali è uno degli ostacoli** spesso presenti lungo la storia della Chiesa, orientata verso la santità ma prigioniera delle **debolezze umane**.
La Chiesa è un popolo in cammino, chiamato alla **santità**, ovvero a far sì che ciascuno utilizzi i propri doni personali per imitare Cristo. **Gli errori e gli sbagli commessi dagli uomini sono superabili**, purché seguiti da un sincero **pentimento** e da una radicale conversione.

RISORSE DIGITALI
LEGGIAMO LE FONTI
- Il discorso di Stefano

approfondiamo...

Simon Mago e la simonia

Un episodio negativo raccontato negli Atti degli Apostoli è legato alla figura di un mago, convertito e battezzato, di nome Simone: "*Vi era da tempo in città un tale di nome Simone, che praticava la magia e faceva strabiliare gli abitanti della Samaria, spacciandosi per un grande personaggio*" (At 8,9). Nel momento in cui Pietro e Giovanni giunsero da Gerusalemme per conferire lo Spirito Santo tramite l'imposizione delle mani, egli chiese di poter acquisire lo stesso potere offrendo loro del denaro. Pietro lo scacciò con queste parole: "*Possa andare in rovina, tu e il tuo denaro, perché hai pensato di comprare con i soldi il dono di Dio!*" (At 8,20). Dal suo nome deriva il termine *simonia*, che indica il commercio di cariche ecclesiastiche e di "beni religiosi" (indulgenze, consacrazioni, sacramenti), una pratica assai diffusa nel Medioevo e aspramente combattuta dalla Chiesa. Ai simoniaci è dedicato il XIX canto dell'*Inferno* nella *Divina Commedia* di Dante Alighieri.

SEGUE

Filippino Lippi, *La disputa di Simon Mago*, 1484-1485; Firenze, Chiesa del Carmine.

GALLERY

leggiamo le fonti

La vocazione universale alla santità

Il Signore Gesù, maestro e modello divino di ogni perfezione, a tutti e ai singoli suoi discepoli di qualsiasi condizione ha predicato la santità della vita, di cui Egli stesso è autore e perfezionatore: "Siate dunque perfetti come è perfetto il vostro Padre celeste" (Mt 5,48).
Manda infatti a tutti lo Spirito Santo, che li muova internamente ad amare Dio con tutto il cuore, con tutta l'anima, con tutta la mente, con tutte le forze (Mc 12,30), e ad amarsi a vicenda come Cristo ha amato loro (Gv 13,34; 15,12).
I seguaci di Cristo, chiamati da Dio e giustificati in Gesù Cristo non secondo le loro opere ma secondo il disegno e la grazia di Lui, nel battesimo della fede sono stati fatti veramente figli di Dio e compartecipi della natura divina, e perciò realmente santi.
Essi quindi devono, con l'aiuto di Dio, mantenere e perfezionare, vivendola, la santità che hanno ricevuta. [...] E poiché tutti commettiamo molti falli (Gc 3,2), abbiamo continuamente bisogno della misericordia di Dio e dobbiamo ogni giorno pregare: "E rimetti a noi i nostri debiti" (Mt 6,12). [...]
Così la santità del popolo di Dio crescerà in frutti abbondanti, come è splendidamente dimostrato nella storia della Chiesa dalla vita di tanti santi.

CONCILIO VATICANO II, *Lumen Gentium*, n. 4

5 Paolo, l'apostolo delle genti (I)

L'ANNUNCIO DELLA FEDE CRISTIANA

Un grande impulso all'**attività missionaria della Chiesa delle origini** fu dato da **san Paolo**, al cui operato è dedicata gran parte degli Atti degli Apostoli.
Le linee fondamentali della sua predicazione sono riscontrabili nelle **lettere** da lui inviate ad alcune delle comunità con cui ebbe rapporti significativi e alle quali ritenne opportuno mandare per iscritto chiarimenti o trattazioni sistematiche di punti nodali della fede cristiana, incoraggiamenti o anche solo semplici indicazioni di tipo **pastorale**.
Gli scritti di Paolo ci permettono di cogliere la sua ricchezza, vitalità ed evoluzione spirituale, mettendo in luce una **grandiosa esperienza di fede** legata alla scoperta di Gesù Cristo.

Pastorale
È il modo concreto di annunciare il Vangelo, svolgendo il compito, affidato da Cristo, di essere "pastori di anime".

L'ESPERIENZA DELLA CONVERSIONE

Paolo nacque a Tarso in Cilicia, cittadina ellenistica, centro di cultura greca, da una famiglia giudaica della tribù di Beniamino, all'inizio del I secolo d.C. Di primo nome **Saulo**, era un grande conoscitore delle Sacre Scritture, essendo stato allievo del rabbino Gamaliele a Gerusalemme. Esercitò, per tutta la vita, il mestiere di tessitore di tende. Ebreo praticante, in un primo tempo, al servizio del Sinedrio, Saulo **perseguitò accanitamente la giovane Chiesa cristiana**, che considerava traditrice della Parola di Dio contenuta nelle Scritture. Ma determinante nella sua esistenza fu l'esperienza della **conversione**, avvenuta presumibilmente nel 35 a **Damasco**. Mentre si recava in quella città per denunciare e arrestare i cristiani, comprese chi era realmente Gesù di Nazaret, il Cristo, cioè colui che il popolo di Israele attendeva da secoli.
A partire da quel momento egli dedicò tutta la vita al servizio di colui che l'aveva "afferrato", perché altri comprendessero la verità mediante una vasta e profonda opera di evangelizzazione tra genti diverse.
La conversione di Saulo fu per la Chiesa delle origini un evento fondamentale e viene raccontata più volte negli Atti degli Apostoli (At 9; At 22; At 26); egli stesso ne parla nelle sue lettere: "*Non ho certo raggiunto la mèta, non sono arrivato alla perfezione; ma mi sforzo di correre per conquistarla, perché anch'io sono stato conquistato da Cristo Gesù*" (Fil 3,12).

La conversione di san Paolo, miniatura, XIV secolo.

L'ATTIVITÀ MISSIONARIA

Dopo la conversione, Paolo lasciò Damasco e passò un po' di tempo in **Arabia**, a sud-est del mar Morto. Intraprese poi una serie di **viaggi** per svolgere la sua attività di **proselitismo** anche in **Siria** e in **Cilicia** (regione dell'Asia Minore confinante a sud con la Siria). Lo sviluppo della sua attività missionaria fu legato all'intervento di **Barnaba** (forse cugino dell'evangelista Marco), che lo portò con sé ad Antiochia, in **Turchia**, dove Paolo fu riconosciuto come predicatore e missionario. Qui i due operarono insieme per un certo periodo.

RISORSE DIGITALI
LEGGIAMO LE FONTI
- Due lettere di Paolo
- Paolo in cammino sulle strade romane

leggiamo le fonti

La conversione di Saulo

Avvenne che, mentre [Saulo] era in viaggio e stava per avvicinarsi a Damasco, all'improvviso lo avvolse una luce dal cielo e, cadendo a terra, udì una voce che gli diceva: "Saulo, Saulo, perché mi perséguiti?". Rispose: "Chi sei, o Signore?". Ed egli: "Io sono Gesù, che tu perséguiti! Ma tu àlzati ed entra nella città e ti sarà detto ciò che devi fare". Gli uomini che facevano il cammino con lui si erano fermati ammutoliti, sentendo la voce, ma non vedendo nessuno. Saulo allora si alzò da terra ma, aperti gli occhi, non vedeva nulla. Così, guidandolo per mano, lo condussero a Damasco. Per tre giorni rimase cieco e non prese né cibo né bevanda. C'era a Damasco un discepolo di nome Anania. Il Signore in una visione gli disse: "Anania!". Rispose: "Eccomi, Signore!". E il Signore a lui: "Su, va' nella strada chiamata Diritta e cerca nella casa di Giuda un tale che ha nome Saulo, di Tarso; ecco, sta pregando e ha visto in visione un uomo, di nome Anania, venire a imporgli le mani perché recuperasse la vista". Rispose Anania: "Signore, riguardo a quest'uomo ho udito da molti quanto male ha fatto ai tuoi fedeli a Gerusalemme. Inoltre, qui egli ha l'autorizzazione dei capi dei sacerdoti di arrestare tutti quelli che invocano il tuo nome". Ma il Signore gli disse: "Va', perché egli è lo strumento che ho scelto per me, affinché porti il mio nome dinanzi alle nazioni, ai re e ai figli d'Israele; e io gli mostrerò quanto dovrà soffrire per il mio nome". Allora Anania andò, entrò nella casa, gli impose le mani e disse: "Saulo, fratello, mi ha mandato a te il Signore, quel Gesù che ti è apparso sulla strada che percorrevi, perché tu riacquisti la vista e sia colmato di Spirito Santo". E subito gli caddero dagli occhi come delle squame e recuperò la vista. Si alzò e venne battezzato, poi prese cibo e le forze gli ritornarono.

At 9,3-19

approfondiamo...

I viaggi missionari di Paolo

Dopo la conversione, Paolo compì tre viaggi missionari in Asia Minore, in Siria e in Grecia; arrivò anche a Gerusalemme, prima di recarsi in Grecia e a Roma, dove morì martire per decapitazione intorno al 67. Durante i suoi viaggi fondò molte comunità cristiane, alle quali scrisse le sue prime lettere (una ai romani, due ai corinzi, una ai galati e due ai tessalonicesi).

SEGUE

6 Paolo, l'apostolo delle genti (II)

LA COOPERAZIONE TRA LE COMUNITÀ

Paolo nella sua attività missionaria **evangelizzò** intenzionalmente **luoghi urbani**, dove vi era un'ampia concentrazione di popolazione, fatta di residenti e stranieri, liberi e schiavi, con la presenza delle istituzioni tipiche delle città del mondo antico. Egli abitualmente iniziava l'attività di annuncio presso la sinagoga, centro di raccolta dei "fratelli" ebrei.

Paolo nelle sue lettere testimonia l'usanza di **raccogliere denaro per i cristiani di Gerusalemme** presso le comunità dei credenti in cui svolgeva il suo ministero. La raccolta della **colletta** è un **primo grande esempio di cooperazione tra le Chiese** ed è sintomo dell'unità tra i cristiani provenienti dal paganesimo e la comunità di Gerusalemme, che invece derivava dal giudaismo: attraverso questo contributo le comunità cristiane riconoscevano il fatto che dalla comunità di Gerusalemme provenivano i "beni spirituali" per le comunità di origine pagana.

L'organizzazione della colletta segnò tutta la vita di san Paolo e fu legata alla ritrovata **unità tra le varie comunità cristiane** dopo il **Concilio di Gerusalemme**, un'assemblea degli apostoli riunita nel 49-50 per discutere dell'osservanza delle norme ebraiche da parte dei cristiani provenienti dal paganesimo.

Paolo, servendosi di validi collaboratori, dava indicazioni precise per la colletta, che avveniva il primo giorno della settimana, e a cui egli non partecipava direttamente. La colletta non era solo **a favore dei poveri**, ma era anche un **gesto di riconoscenza per il dono della fede** arrivato da Gerusalemme.

Concilio
Dal latino *concilium*, "adunanza", è l'assemblea dei vescovi riuniti per deliberare su questioni relative alla dottrina e alla vita della Chiesa.
Il Concilio viene definito **ecumenico** quando è convocato e presieduto dal Papa e vi sono invitati tutti i vescovi del mondo cattolico. Finora ne sono stati celebrati 21, da quello di Nicea (325) al Vaticano II (1962-1965).

LE LETTERE ALLE CHIESE

Parte del N.T. è costituita da **lettere** scritte da Paolo (in realtà dettate da lui a uno scrivano) durante la sua attività missionaria: sono **i primi documenti scritti del cristianesimo**.

Il rapporto con le neonate comunità attraverso le lettere fu il modo per poter continuare a insegnare e trasmettere il **carisma** di Cristo alle singole Chiese. Questi scritti (da cui emergono un'eccellente preparazione culturale e una profonda conoscenza dell'A.T.) sono **un'importante testimonianza della sua esperienza di fede e della sua attività missionaria**. Paolo, infatti, visse profondamente lo sviluppo, l'entusiasmo e i drammi della Chiesa primitiva e, come apostolo, si sentì incaricato dal Cristo risorto di rappresentare il suo Maestro. Le sue lettere quindi esprimono **l'essenza del cristianesimo**: il **rapporto con Gesù** su cui si gioca l'identità cristiana. È l'incontro che crea la novità: "*se uno è in Cristo, è una nuova creatura*" (2Cor 5,17).

Il suo stile epistolare fu **modello per la successiva corrispondenza cristiana**. Il complesso delle lettere di Paolo fu ben presto valorizzato dalla Chiesa antica come esempio di "sapienza" e come messaggio ricchissimo, seppur complesso, scritto da un uomo fuori del comune.

Carisma
Dal greco *cháris*, "grazia", è un dono divino elargito dallo Spirito Santo.

RISORSE DIGITALI

APPROFONDIAMO...
- Il Concilio di Gerusalemme
- I luoghi del martirio di Paolo
- La città di Corinto

LEGGIAMO LE FONTI
- Risorti con Cristo
- La Chiesa, corpo di Cristo

approfondiamo...

La comunità dei credenti secondo Paolo

Gesù Cristo unifica i credenti in una comunità, che Paolo chiama *ecclesía* (Chiesa), rispetto alla quale esplicita una ricca teologia:

- si è Chiesa per la fede e questa fede si manifesta e si attua nell'ascolto della Parola e del Vangelo di Cristo e dei suoi apostoli, nel battesimo e nell'eucaristia;
- nella Chiesa i credenti condividono lo Spirito di Cristo, sono fratelli e hanno come vocazione fondamentale la carità;
- gli appartenenti alla Chiesa sono "tempio vivente" di Dio, sono una comunità profetica, cioè ministri della Parola sia verso il mondo in cui vivono sia all'interno della comunità stessa;
- ciascun membro della comunità è portatore di carismi particolari, cioè di doni e di vocazioni al servizio di tutta la Chiesa e per la crescita del mondo verso la pienezza di vita propria di Cristo risorto;
- per esprimere il concetto che la Chiesa è "una" pur nella varietà delle sue componenti, Paolo usa molti paragoni: quello dell'edificio, dell'albero, del pane pasquale, del tempio e del corpo umano, composto di varie membra ma uno e organico; la Chiesa è corpo di Cristo;
- momento fondamentale e vitale per la Chiesa è l'eucaristia, in cui tutta la comunità fa il "memoriale" della morte del suo Signore, rinnova l'attesa della sua futura venuta, alimenta, esprime e verifica la carità fraterna nel ricordo di quella di Gesù, con gioia e gratitudine.

leggiamo le fonti

L'identità cristiana

Se dunque c'è qualche consolazione in Cristo, se c'è qualche conforto, frutto della carità, se c'è qualche comunione di spirito, se ci sono sentimenti di amore e di compassione, rendete piena la mia gioia con un medesimo sentire e con la stessa carità, rimanendo unanimi e concordi. Non fate nulla per rivalità o vanagloria, ma ciascuno di voi, con tutta umiltà, consideri gli altri superiori a se stesso. Ciascuno non cerchi l'interesse proprio, ma anche quello degli altri:
Abbiate in voi gli stessi sentimenti di Cristo Gesù:
egli, pur essendo nella condizione di Dio,
non ritenne un privilegio
l'essere come Dio,
ma svuotò se stesso
assumendo una condizione di servo,
diventando simile agli uomini.
Dall'aspetto riconosciuto come uomo,
umiliò se stesso
facendosi obbediente fino alla morte
e a una morte di croce.
Per questo Dio lo esaltò
e gli donò il nome
che è al di sopra di ogni nome,
perché nel nome di Gesù ogni ginocchio si pieghi
nei cieli, sulla terra e sotto terra,
e ogni lingua proclami: "Gesù Cristo è Signore!",
a gloria di Dio Padre.

Fil 2,1-11

Lucas Cranach, *San Paolo*, XVI secolo; Parigi, Louvre.

leggiamo l'immagine

Paolo nell'iconografia cristiana

GALLERY

Originario di Tarso, in Cilicia, nell'attuale Turchia meridionale, giudeo per origine, greco per cultura, romano per cittadinanza acquisita, Paolo è considerato colui al quale si deve la diffusione del cristianesimo fuori dal ristretto ambito della Giudea. L'iconografia presenta gli episodi cruciali della sua vita, nei quali Paolo è raffigurato come un uomo maturo o anziano, il volto nobile con una lunga barba e un'ampia fronte calva. Gli elementi che lo identificano sono il libro, o il rotolo, che tiene in una mano, in riferimento alle lettere scritte alle prime comunità cristiane, e la spada, strumento del suo martirio, che impugna con l'altra mano.

L'apostolo Paolo, mosaico, VI secolo; Ravenna, Basilica di San Vitale.

1 Domenico Bartolini, *Visione di Paolo a Gerusalemme*, 1857-1860; Roma, Basilica di San Paolo fuori le mura.

A Gerusalemme, mentre prega nel Tempio, Paolo ha la visione di Gesù che lo esorta a lasciare la città e gli preannuncia quella che sarà la sua speciale missione evangelizzatrice "tra i pagani", cioè i non ebrei. L'elmo, lo scudo e le armi, alludono alla fase della vita di Paolo precedente la conversione, quando era un accanito persecutore dei cristiani (At 22,17-21).

2 Karel Dujardin, *San Paolo guarisce il paralitico a Listra*, 1663; Amsterdam, Rijksmuseum.

Paolo, in compagnia di Barnaba, parte per il primo dei suoi tre viaggi missionari, collocabile tra il 46 e il 49. Una tappa del viaggio è Listra, in Licaonia, dove Paolo guarisce miracolosamente un paralitico. Nel corso dei suoi viaggi, Paolo scriverà molte lettere alle comunità cristiane in cui svolse la sua opera di evangelizzazione.

Giorgio de Chirico, *Conversione di san Paolo*, 1946; Città del Vaticano, Musei Vaticani.

È lo stesso Paolo a descrivere le circostanze in cui avvenne la sua conversione (At 22,4-10).

3

Valentin de Boulogne, *San Paolo scrive le sue lettere*, 1618-1620 circa; Houston, Blaffer Foundation Collection.

Questo dipinto mostra un particolare curioso: sotto la mano sinistra del santo appare un volto, come fosse riflesso sul tavolo, che è quello di un *Cristo coronato di spine*, precedentemente dipinto dal pittore sulla medesima tela. L'effetto è bizzarro, poiché suscita l'impressione che Gesù stesso stia assistendo Paolo nella stesura delle sue lettere.

4

Giuseppe Antonio Petrini, *Decapitazione di san Paolo*, 1710 circa; Altavilla Monferrato, Chiesa di San Giulio.

Paolo venne decapitato (pena di morte considerata "dignitosa" e perciò riservata ai cittadini romani) in una località presso Roma detta "palude Salvia", probabilmente nell'anno 67, durante la persecuzione di Nerone. Secondo la tradizione, lo stesso giorno fu martirizzato anche Pietro, tanto che i due santi vengono ricordati lo stesso giorno dal Martirologio Romano.

7 Le persecuzioni

IL CRISTIANESIMO SI DIFFONDE NEL MONDO ROMANO

Con l'espandersi del cristianesimo nel bacino del Mediterraneo, si intensificarono i **contatti con il mondo romano**. A Roma la religione tradizionale cominciava a essere soppiantata da divinità e da culti stranieri provenienti dall'Oriente, accanto a pratiche di tipo magico. Il cristianesimo, da parte sua, offriva un'alternativa a concezioni di vita condizionate da fattori di tipo magico-astrale, respingeva le forme di divinizzazione dell'imperatore, con i relativi atti di culto, e, soprattutto, non poneva vincoli di appartenenza a gruppi sociali specifici, proponendosi come **una religione rivolta a tutti gli uomini considerati**, indipendentemente dalle origini, **come figli di Dio**. Tuttavia **i cristiani non tentarono mai di contrastare** l'autorità civile: "*ciascuno sia sottomesso alle autorità costituite. Infatti non c'è autorità se non da Dio: quelle che esistono sono stabilite da Dio*" (Rm 13,1).

LE PERSECUZIONI NEI CONFRONTI DEI CRISTIANI

Le comunità non erano ancora completamente organizzate in modo stabile quando, a partire dal regno di **Nerone** (54-68), cominciò una serie di **persecuzioni** nei confronti dei cristiani, alternate a periodi di tolleranza e di pace. L'ostilità verso i cristiani derivava probabilmente dal loro **disinteresse per la vita civile e politica** (ad esempio, rifiutavano di svolgere il servizio militare) che era centrale, invece, per i cittadini romani.
La vita dei cristiani era riservata e il **mistero riguardo ai loro culti**, celebrati prima nei cenacoli e poi successivamente nelle *domus ecclesiae* (edifici destinati unicamente alle cerimonie religiose), alimentò storie raccapriccianti sui loro riti: poco per volta i cristiani diventarono il **capro espiatorio dei mali di tutto l'impero**.

I MARTIRI CRISTIANI E I *LAPSI*

Nei primi tre secoli della Chiesa **centinaia di cristiani subirono il** martirio: le sofferenze e la morte del martire furono una manifestazione visibile della **fede di chi andava incontro con coraggio alla morte**, sorretto dalla forza di Cristo. L'esempio dei martiri suscitava stupore, ammirazione e conforto anche tra i pagani. Il martirio, compimento ideale del discepolato, era vissuto come un **conformarsi al modello di Cristo**. Si superava la prova del dolore e della morte non solo perché spinti dal coraggio e dalla fierezza di essere cristiani, ma anche perché, vivendo in Cristo, si arrivava al martirio esercitati da una fede che rendeva capaci di **soffrire e resistere fino in fondo nell'amore del Signore**.
Durante le persecuzioni non tutti i cristiani si mantennero saldi sulle loro posizioni e riuscirono a sopportare le torture e le privazioni a cui erano sottoposti; **alcuni cedettero, abiurando e sacrificando agli dèi**. Furono i cosiddetti "*lapsi*", i "caduti", che, finito il periodo di persecuzione, chiesero di rientrare nella Chiesa, suscitando reazioni sia favorevoli sia contrarie in coloro che erano rimasti fedeli e faticavano ad accettare compromessi.

RISORSE DIGITALI

LEGGIAMO LE FONTI
- L'imperatore non è Dio
- L'interrogatorio e il martirio del vescovo Cipriano

APPROFONDIAMO...
- La cronologia delle persecuzioni

leggiamo le fonti

I cristiani riconoscono l'autorità civile

Dappertutto noi cerchiamo di pagare, primi di tutti, i tributi e le imposte a coloro che hanno il compito di riscuoterli, come siamo stati istruiti da Lui. Infatti, a quel tempo alcuni andarono da Lui per chiedergli se si dovessero pagare i tributi a Cesare. Ed egli rispose: "Ditemi, di chi è l'immagine impressa sulla moneta?". "Di Cesare", dissero quelli. E di nuovo rispose loro: "Date dunque a Cesare quel che è di Cesare e a Dio quel che è di Dio" (Mt 22,20-21). Perciò noi adoriamo solo Dio, ma per il resto vi serviamo con gioia, riconoscendovi imperatore e autorità sugli uomini e preghiamo perché si trovi in voi, oltre alla potenza regale, anche un saggio discernimento.

Se poi, nonostante preghiamo e facciamo ogni cosa pubblicamente, voi ci sdegnerete, non ne avremo alcun danno, ancor più convinti, anzi, che ognuno sarà punito nel fuoco eterno secondo la bontà delle sue opere e renderà conto di fronte a Dio secondo la misura dei poteri che ha ricevuto, come proclamò Cristo dicendo: "A chi fu affidato molto, sarà richiesto molto di più" (Lc 12,48).

GIUSTINO, *Apologia a favore dei cristiani*, I, 17, in P. F. BEATRICE, *Introduzione ai Padri della Chiesa*, Elledici, Leumann (TO) 2009

approfondiamo...

Il martirio e il culto delle reliquie

I primi secoli della storia del cristianesimo sono stati segnati dalla persecuzione dei convertiti alla nuova religione. Moltissimi cristiani furono arrestati e giustiziati, esiliati, venduti come schiavi o mandati a combattere nei giochi del circo. Alcuni abiurarono (cioè rinnegarono il culto cristiano) e rientrarono nella comunità religiosa pagana.

Ma la resistenza di molti fedeli e la determinazione nell'affrontare il martirio testimoniavano la forza della nuova religione. Martire, in greco, significa "testimone".

Come forma di venerazione dei martiri si diffuse già dal II secolo il culto delle reliquie. Questa pratica ebbe un ruolo importante durante le persecuzioni: a Roma si celebrava l'eucaristia sulle tombe di quelli che si erano sacrificati per non rinnegare Cristo. Questo era considerato un elemento di vicinanza nella fede, infatti il corpo di coloro che erano rimasti fedeli a Cristo fino all'estremo sacrificio testimoniava la presenza divina e, attraverso la venerazione di ciò che era rimasto del loro passaggio sulla Terra, si manifestava il legame della comunità dei cristiani con le proprie radici.

Guido Reni, *Martirio di sant'Apollonia*, 1603-1604; Madrid, Museo del Prado.

SEGUE

leggiamo l'immagine

Martiri di oggi

Nel corso del Novecento la testimonianza della fede è costata a molti uomini e donne la vita o la persecuzione. A Roma, la basilica di San Bartolomeo è stata scelta come sede della commemorazione di tutte le forme di testimonianza della fede a costo del martirio. Per documentare le situazioni che nel corso del XX secolo hanno tormentato l'affermazione della fede cristiana (in ogni confessione), è stata istituita una commissione che ha raccolto 12 000 dossier su tutti i casi che si sono verificati nel mondo. A coordinare i lavori della commissione è stato Andrea Ricciardi, fondatore della comunità di Sant'Egidio, che in questa straordinaria raccolta di storie vide la testimonianza di cristiani uccisi in quanto tali, unicamente per ciò in cui avevano creduto. Si tratta di circa tre milioni di cristiani assassinati, dal genocidio degli armeni nel 1915 fino ai massacri di Timor Est del 1999, passando per il comunismo bolscevico, il nazismo, i regimi dittatoriali dell'America Latina, le tragedie dell'Africa, l'oppressione dell'islam integralista, le vittime della mafia. Questi grandi numeri dimostrano che il martire della fede non è un uomo in vista, conosciuto e isolato, ma una persona qualunque, che agisce secondo le sue convinzioni, per umanità, per giustizia, per fede. Come riconoscimento di questo fenomeno, nella basilica di San Bartolomeo è stata posta da rappresentanti delle Chiese cristiana e ortodossa l'icona dei nuovi martiri e testimoni della fede del XX secolo. L'icona (riprodotta nella pagina a fianco) rappresenta l'assemblea descritta nell'Apocalisse di Giovanni: *"Ecco, una moltitudine immensa, che nessuno poteva contare, di ogni nazione, tribù, popolo e lingua. Tutti stavano in piedi davanti al trono e davanti all'Agnello, avvolti in vesti candide, e tenevano rami di palma nelle loro mani"* (Ap 7,9).

1 Nella pagina a fianco, in alto, una folla di martiri si dirige verso il Cristo, insieme a Maria, Giovanni evangelista e Giovanni Battista, agli apostoli Pietro, Paolo e Andrea, e ai santi martiri Bartolomeo e Adalberto a cui è dedicata la basilica; al di sotto, come racconta l'Apocalisse, gli angeli stendono la tenda di Dio sopra la terra.
Al centro dell'icona è raffigurato il lager, come una grande basilica di filo spinato, il più alto luogo di preghiera e di unità delle Chiese d'Oriente e d'Occidente.

2 In basso, una città con le mura spezzate rappresenta la frattura della coabitazione: molti sono i testimoni della fede ricordati, dagli armeni ai cristiani in Algeria, in India, in Libano. Uomini e donne vengono uccisi mentre pregano: figura centrale è un prete albanese ucciso per aver battezzato un bambino, mentre dalla porta della città escono coloro che sono morti a causa di marce estenuanti, come gli armeni.

ATTRAVERSO LA GRANDE TRIBOLAZIONE
TUTTI SIANO UNA COSA SOLA
CRISTO DICE IO SONO LA LUCE DEL MONDO

CINEMA

Alla luce del sole

Il film ricostruisce la vicenda di don Pino Puglisi, sacerdote palermitano, missionario e martire contemporaneo. Nel 1991 don Pino torna, come parroco della chiesa di San Gaetano, nel quartiere Brancaccio, dove è nato, e si trova davanti una realtà di degrado sociale dominata dalla mafia. Don Pino, con un lavoro instancabile e con parole decise di denuncia, si dedica al recupero dei giovani. I mafiosi lo faranno eliminare, con un colpo di pistola alla nuca, il 15 settembre 1993, giorno del suo compleanno.

Titolo originale: Alla luce del sole
Genere: Drammatico
Regia: Roberto Faenza
Interpreti principali: Luca Zingaretti (don Pino Puglisi), Alessia Goria (suor Carolina), Corrado Fortuna, Mario Giunta, Pierlorenzo Randazzo, Gabriele Castagna
Origine: Italia, 2004
Durata: 92 minuti

1

COME CANI SBRANATI
Il film si apre con una sequenza tremenda: i ragazzini di Brancaccio raccolgono gatti randagi per farli sbranare dai cani usati nei combattimenti per le scommesse clandestine. Un cane sconfitto in uno di questi combattimenti viene gettato dagli stessi ragazzini dall'alto di un palazzo in costruzione. È la metafora della loro vita: o sei più crudele e forte di tutti gli altri, oppure vieni gettato via.

2

L'INFANZIA RUBATA
Don Pino comprende che ai bambini di Brancaccio la mafia ruba l'infanzia. Il primo atto del sacerdote è quindi quello di allestire in parrocchia un campetto di calcio per risvegliare l'interesse dei bambini del quartiere e dare loro la possibilità di giocare. Più tardi nascerà anche un oratorio, intitolato "Padre Nostro", nel quale, attraverso il gioco e il divertimento, i bambini impareranno anche a riflettere.

3

L'INSEGNAMENTO
Don Puglisi è anche l'insegnante di religione nella scuola del quartiere. Qui prosegue la sua opera di educatore, abituando gli scolari a ragionare con la propria testa, a chiedersi se una cosa sia giusta o sbagliata, insomma a compiere delle scelte responsabili. E a capire che nella vita occorrono delle regole, che tutti devono rispettare.

4

6

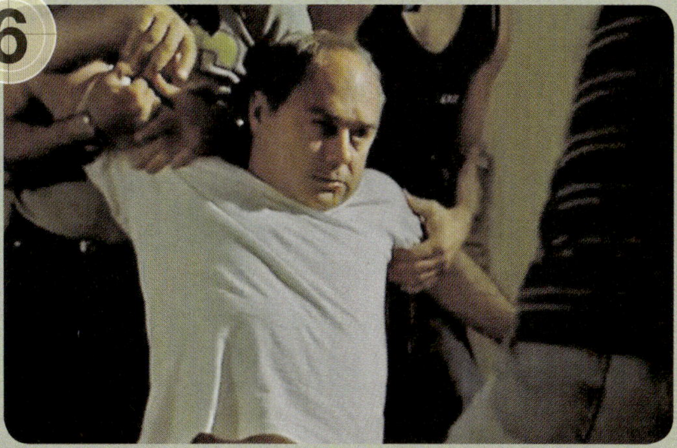

LE REAZIONI

Gli adulti del quartiere, quasi tutti legati alla mafia, non vedono di buon occhio l'opera pedagogica del nuovo parroco e cercano in vario modo di boicottarlo. C'è chi picchia il figlio perché non vada più all'oratorio, chi arriva ad assoldare dei "picciotti" perché diano fuoco al furgone del prete. Quando viene ucciso il giudice Falcone, alcuni giovinastri improvvisano davanti alla parrocchia un carosello di motorini, esultando come per una vittoria di calcio.

ULTIMO AVVISO

Il culmine della provocazione al potere locale viene raggiunto quando don Pino, insieme ai bambini dell'oratorio, individuati una serie di scantinati abbandonati, usati dalla mafia come deposito per le armi, fa intervenire la polizia per sgomberarli. Per i boss locali l'affronto è intollerabile, tanto più che la vicenda viene portata in televisione. Occorre dare un avvertimento più concreto a quel prete così scomodo, che "non porta rispetto": un bel pestaggio a domicilio.

5

7

IN CHIESA

Don Pino non si arrende, anzi. Condanna la mafia anche nelle omelie durante la Messa, proprio davanti a quegli amministratori locali che siedono nei primi banchi e che sono legati a doppio filo al potere criminale. Ed esorta la popolazione a pretendere tutto ciò a cui ha diritto, ma che viene negato da quegli stessi amministratori: scuole, assistenza medica, impianti sportivi, spazi per gli anziani.

IL DONO DELLA VITA

Don Pino non è un eroe, ha paura, ma torna a parlare. Celebrando la Messa si rivolge ai cosiddetti "uomini d'onore": "Voi che siete abituati ad agire nell'ombra, se siete ancora uomini, fatevi vedere alla luce del sole! Le porte di questa chiesa sono aperte per voi: io vi accolgo. Se siete ancora uomini, fatevi avanti! Incontriamoci. In piazza. Parliamoci". La risposta è un colpo di pistola alla nuca.

8 Il cristianesimo religione dell'impero

I CRISTIANI SI DIFENDONO

Accusati e perseguitati, i cristiani cominciarono a reagire e a replicare all'opinione pubblica, alle autorità governative e agli intellettuali pagani. Nacque una **letteratura difensiva**, detta **apologetica**, prima in greco, poi in latino, sotto forma di dialogo, di appello diretto a un imperatore, di manifesto di propaganda, di relazione, di ambasciata. Il contenuto era vario: dalla polemica contro i denigratori, alla critica al paganesimo, alla descrizione del modo di vivere cristiano, all'esposizione articolata della fede cristiana.

Apologetica
Dal greco *apologìa*, "difesa", indica la letteratura cristiana tesa ad affermare e a giustificare la fede. Le prime apologie erano spesso impostate come un appello all'imperatore o un'esortazione ai non credenti. Tra i testi più noti dei primi tempi cristiani vi sono le *Apologie* di Giustino e l'*Apologeticum* di Tertulliano.

LA PACE COSTANTINIANA

Nel IV secolo la condizione dei cristiani mutò: già l'imperatore **Galerio**, poco prima di morire, con l'**editto di Sardica** (311) aveva ordinato di mettere fine alle persecuzioni, riconoscendo l'inutilità delle vessazioni contro i cristiani e accordando loro piena **libertà di culto e di riunione**.

La vittoria di Costantino e Licinio contro Massenzio, dopo un periodo di guerre civili, nel 312, instaurò in modo definitivo la politica di tolleranza verso i cristiani. Nel 313, con l'**editto di Milano**, **Costantino** diede ai cristiani piena **libertà di culto e di predicazione**, restituendo alle Chiese i beni che erano stati confiscati. Le catacombe vennero progressivamente abbandonate e si cominciarono a edificare le prime basiliche cristiane.

Costantino nel corso del suo impero passò da una politica di tolleranza a una politica di appoggio sempre più marcato alla Chiesa e ai cristiani.

Papa Silvestro benedice l'imperatore Costantino, affresco, XIII secolo.

IL CRISTIANESIMO RELIGIONE UFFICIALE

La politica di Costantino fu proseguita dai suoi successori e, alla fine del IV secolo, l'imperatore **Teodosio** promulgò una serie di editti, tra cui l'editto di Tessalonica (380), con cui ordinò ai popoli dell'impero di seguire la **religione cristiana**, che divenne così la **religione ufficiale dello Stato**.

approfondiamo...

Le catacombe

Le catacombe (dal greco *katákumbas*, "verso le grotte") per molto tempo vennero considerate come luoghi di riunione e di rifugio per i cristiani perseguitati. In realtà erano cimiteri scavati nel tufo, in cui i cristiani deponevano i loro morti, specialmente i martiri, decorandone i sepolcri con affreschi, marmi, immagini su vetro dorato. I fedeli vi andavano a compiere i riti in onore dei propri defunti e a venerare i martiri lì deposti, il giorno anniversario della loro morte.

SEGUE

GALLERY

L'interno della catacomba di via Latina a Roma.

leggiamo le fonti

L'editto di Tessalonica

Dagli imperatori Graziano, Valentiniano e Teodosio, augusti, editto al popolo di Costantinopoli.

Vogliamo che tutti i popoli retti dalla moderazione della nostra clemenza pratichino la religione che il divino Pietro apostolo ha trasmesso ai Romani [...], seguita dal papa Damaso e da Pietro vescovo di Alessandria, uomo di apostolica santità, affinché crediamo, secondo l'insegnamento degli apostoli e la dottrina del Vangelo, all'unica divinità del Padre, del Figlio e dello Spirito Santo in una stessa maestà ed una venerata Trinità.
Ordiniamo che tutti coloro che seguono questa legge siano chiamati cristiani cattolici, mentre gli altri, dissennati e folli, siano considerati eretici e subiscano infamia a causa della loro credenza: le loro assemblee non hanno il diritto al titolo di Chiese; saranno puniti anzitutto dalla vendetta divina, in seguito dalla nostra personale iniziativa, secondo il giudizio del cielo.

Dato a Tessalonica il terzo giorno prima delle calende di marzo.

Codice di Teodosio, XVI, 1, febbraio 380, in B. MEUNIER, *La nascita dei dogmi cristiani*, Elledici, Leumann (TO) 2001

Medaglione d'oro con l'effigie di Teodosio, IV secolo d.C.

approfondiamo...

La basilica cristiana

La basilica originariamente indicava l'edificio in cui l'imperatore radunava il popolo. Per anni le basiliche vennero usate come tribunali, poi quest'edificio costituì un modello ideale per la sede della chiesa cristiana. Al suo interno trovava posto un gran numero di fedeli. La forma e la suddivisione degli ambienti interni della basilica furono determinati dalle funzioni cultuali, che vennero considerate come un nuovo ed essenziale elemento architettonico. I cinque elementi caratteristici della basilica sono la cattedra, l'ambone, la mensa, il fonte battesimale e l'aula.

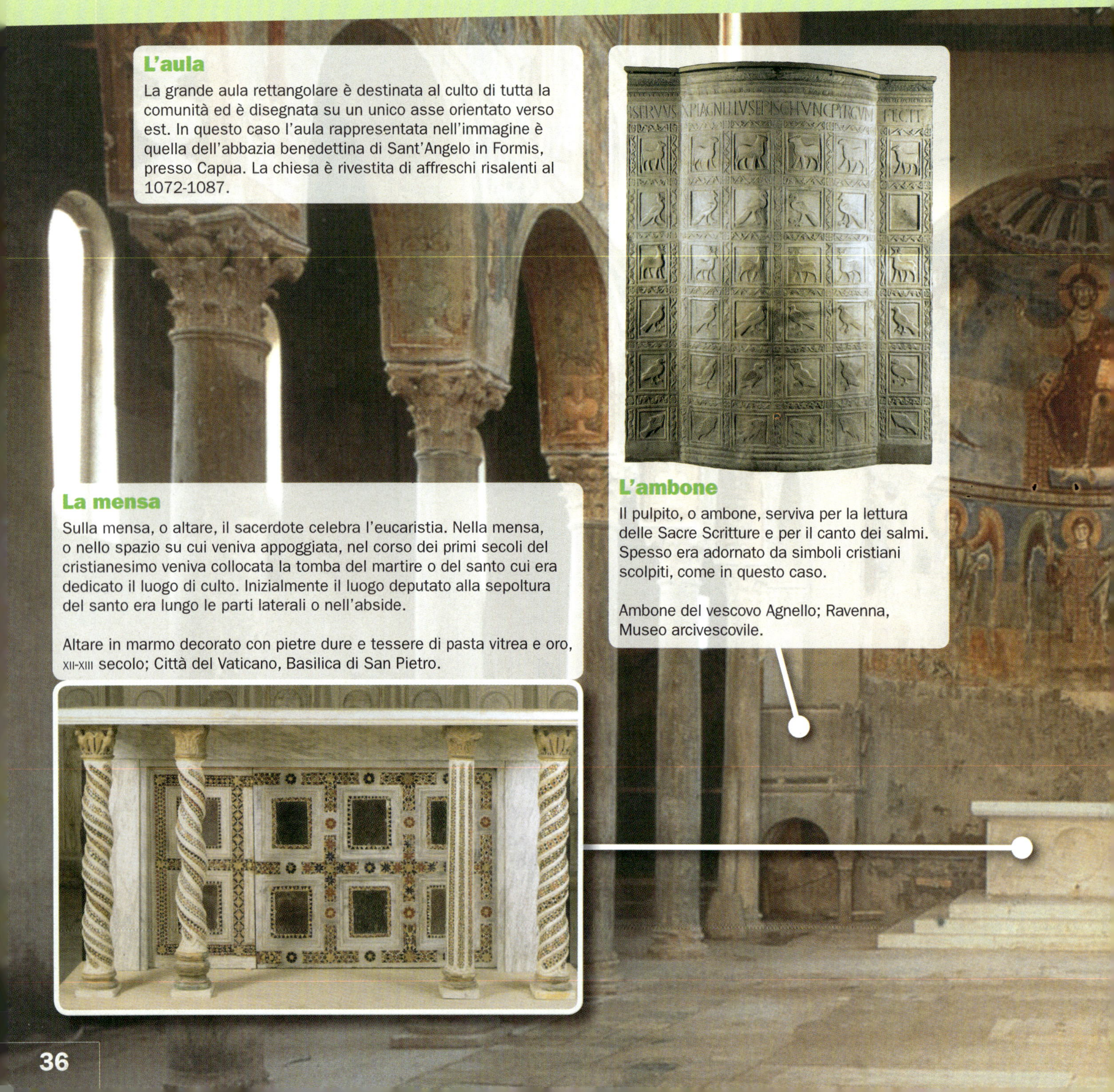

L'aula

La grande aula rettangolare è destinata al culto di tutta la comunità ed è disegnata su un unico asse orientato verso est. In questo caso l'aula rappresentata nell'immagine è quella dell'abbazia benedettina di Sant'Angelo in Formis, presso Capua. La chiesa è rivestita di affreschi risalenti al 1072-1087.

L'ambone

Il pulpito, o ambone, serviva per la lettura delle Sacre Scritture e per il canto dei salmi. Spesso era adornato da simboli cristiani scolpiti, come in questo caso.

Ambone del vescovo Agnello; Ravenna, Museo arcivescovile.

La mensa

Sulla mensa, o altare, il sacerdote celebra l'eucaristia. Nella mensa, o nello spazio su cui veniva appoggiata, nel corso dei primi secoli del cristianesimo veniva collocata la tomba del martire o del santo cui era dedicato il luogo di culto. Inizialmente il luogo deputato alla sepoltura del santo era lungo le parti laterali o nell'abside.

Altare in marmo decorato con pietre dure e tessere di pasta vitrea e oro, XII-XIII secolo; Città del Vaticano, Basilica di San Pietro.

Il fonte battesimale

Il fonte battesimale, nei primi secoli del cristianesimo, era collocato fuori dall'aula cultuale ed era costruito in modo tale da poter effettuare il rito battesimale per immersione nell'acqua: a questo servivano i gradini che permettevano di scendere nella vasca e poi riuscirne dopo il rito.

Fonte battesimale ricoperto a mosaico, I-II secolo; Sbeitla, Tunisia.

La cattedra

La suddivisione del clero secondo una precisa gerarchia era resa visivamente evidente attraverso la distinzione del seggio sul quale si sedeva il vescovo, la cattedra (o trono episcopale), dai sedili su cui prendeva posto il clero, di solito in legno e collocati a sinistra e a destra della cattedra.

La cattedra del vescovo Elia, XI-XII secolo; Bari, San Nicola.

9 Il consolidamento del cristianesimo

L'ORGANIZZAZIONE DELLE CHIESE

Dopo il riconoscimento del cristianesimo come religione dell'impero, si stabilì una sorta di graduatoria gerarchica fra le Chiese. In ogni provincia dell'impero, il **vescovo** della città capoluogo ebbe funzioni di sorveglianza e di controllo su quelle delle città minori, diventando **metropolita** della sua provincia. Tra questi emersero per prestigio i **patriarchi** legati a quattro sedi: quella di **Roma**, il cui vescovo venne chiamato patriarca d'Occidente, quella di **Alessandria** (patriarcato d'Egitto), quella di **Gerusalemme** e quella di **Antiochia** (patriarcato di Oriente). Più tardi anche il vescovo di **Costantinopoli** assunse il titolo di patriarca.

Metropolita
Responsabile della diocesi principale di una provincia ecclesiastica.

Patriarca
Termine composto derivato dal greco *patriá*, "stirpe" e *árkhein*, "essere a capo", "comandare". Indica la persona più autorevole di un gruppo.

Nel IV secolo il patriarcato di Roma era l'unico situato nella parte occidentale dell'impero romano, mentre nella parte orientale, molto più popolosa ed estesa, i patriarcati erano quattro. L'area di ogni patriarcato corrispondeva alla circoscrizione territoriale delle province in cui era suddiviso l'impero. Le **sedi patriarcali** coincidevano con le **capitali delle province**, che avevano acquisito legittimazione religiosa specifica in quanto la nascita della Chiesa cristiana al loro interno era collegata alla missione evangelizzatrice di un apostolo o di un evangelista: Pietro e Paolo a Roma, Pietro ad Antiochia, Marco ad Alessandria di Egitto, Andrea a Costantinopoli, Giacomo a Gerusalemme.

IL DIBATTITO SULLA PERSONA DI GESÙ: LE ERESIE

RISORSE DIGITALI
APPROFONDIAMO...
- Ortodossia ed eresia, i Concili ecumenici
- I primi quattro Concili
- L'apostolo Andrea

Mentre il cristianesimo si affermava e si diffondeva, entrava in contatto con nuovi modelli culturali, perdendo l'omogeneità e l'armonia che lo avevano caratterizzato nei primi secoli. Si affermarono anche **modi diversi di intendere la persona di Gesù e la sua natura**, che comportarono alcuni travisamenti e interpretazioni scorrette, dette **eresie**.

A queste **eresie** si opposero i sostenitori dell'**ortodossia**, che si attenevano alla tradizione e sostenevano di seguire la "giusta" fede. Essi si adoperarono per la salvaguardia del messaggio biblico nel corso di Concili in cui si affermarono i **dogmi** di fede. Nel IV secolo l'eresia che si diffuse maggiormente e che si rivelò più pericolosa fu l'**arianesimo**, predicata dal teologo Ario e dai suoi seguaci, che negava la divinità di Gesù e l'uguaglianza della sua natura con quella del Padre. La questione ariana venne dibattuta nel **Concilio di Nicea**, in cui l'arianesimo fu condannato e la Chiesa venne autorizzata a espellere gli eretici. Poco dopo, in occasione del **Concilio di Costantinopoli**, fu elaborato il **Credo niceno-costantinopolitano**, che è **la professione di fede della Chiesa cattolica**.

Eresia
Dal greco *haíresis*, "scelta", indica una dottrina che è in contraddizione con la verità rivelata da Dio, di cui la Chiesa è garante e custode.

Ortodossia
Dal greco *orthodoxía*, "retta opinione".

Dogma
Dal greco *dógma*, "parere definitivo", "decreto", "dottrina". I dogmi sono le verità di fede alla base del Credo cristiano.

approfondiamo...

Alcune grandi eresie dei primi secoli

Adozionismo (II secolo): Cristo è un uomo comune, che lo Spirito di Dio comincia ad abitare a partire dal suo battesimo.

Docetismo (II secolo): Cristo è Dio, la sua umanità è soltanto apparenza.

Gnosi (II-III secolo): il mondo è cattivo, creato da un demiurgo malvagio. La salvezza consiste nella fuga dalla materia, per ritrovare il vero Dio, Padre del Salvatore, che è superiore al demiurgo. La salvezza non riguarda che l'intelletto, è interamente conoscenza.

Arianesimo (IV secolo): il Cristo non è uguale a Dio, benché sia la prima e la più nobile delle creature.

Pelagianesimo (V secolo): l'uomo può salvarsi con le proprie azioni, la sua natura non è corrotta dal peccato di Adamo e la grazia non è una condizione preliminare a ogni buona azione.

Nestorianesimo (dal V secolo in poi): il Cristo è fatto di un elemento umano e di uno divino ben distinti, uniti in una "persona" che costituisce il legame tra i due.

Monofisismo (V secolo e successivi): nel Cristo il Verbo divinizza l'umano; non si parla, quindi, di una natura umana del Cristo ma solo della sua natura divina.

leggiamo le fonti

Il Credo niceno-costantinopolitano

Credo in un solo Dio, Padre onnipotente, creatore del cielo e della terra, di tutte le cose visibili ed invisibili. Credo in un solo Signore, Gesù Cristo, unigenito Figlio di Dio, nato dal Padre prima di tutti i secoli: [Dio da Dio], Luce da Luce, Dio vero da Dio vero, generato, non creato, della stessa sostanza del Padre; per mezzo di lui tutte le cose sono state create.
Per noi uomini e per la nostra salvezza discese dal cielo e per opera dello Spirito Santo si è incarnato nel seno della Vergine Maria e si è fatto uomo.

Fu crocifisso per noi sotto Ponzio Pilato, morì e fu sepolto. Il terzo giorno è risuscitato, secondo le Scritture, è salito al cielo, siede alla destra del Padre.
E di nuovo verrà, nella gloria, per giudicare i vivi e i morti, e il suo regno non avrà fine.
Credo nello Spirito Santo, che è Signore e dà la vita, e procede dal Padre [e dal Figlio], e con il Padre e il Figlio è adorato e glorificato, e ha parlato per mezzo dei profeti.
Credo la Chiesa una, santa, cattolica e apostolica.
Professo un solo battesimo per il perdono dei peccati.
Aspetto la risurrezione dei morti e la vita del mondo che verrà.

Catechismo della Chiesa cattolica

Cesare Nebbia, *Il Concilio di Nicea*, fine XVI secolo; Città del Vaticano, Biblioteca Vaticana.

approfondiamo...

L'immagine di Gesù nell'arte

Nessun personaggio storico al pari di Gesù Cristo ha influenzato in modo così stimolante gli artisti di tutti i tempi, con un'ampia gamma di rappresentazioni. Negli edifici religiosi (chiese, monasteri, conventi) spesso è possibile trovare opere d'arte in grado di comunicare aspetti del mistero cristiano che la parola non riesce a esprimere. Occorre tener presente la complessità che comporta rappresentare Gesù, poiché per i cristiani è un personaggio storico, ma nel contempo è il Signore di tutti i tempi e di tutti i luoghi perennemente presente. La figura di Cristo è presente nel mondo culturale e artistico intorno a noi con innumerevoli forme espressive che nel corso del tempo, in ambienti storico-culturali e in luoghi profondamente differenti, hanno colto taluni aspetti del mistero cristiano e hanno espresso la fede dei credenti e gli interrogativi esistenziali di uomini e donne accomunati dalla ricerca di Dio.

I primi secoli del cristianesimo

Nei primi tre secoli i Padri della Chiesa mostrano una netta ostilità verso l'uso delle immagini per il culto; è per questo che in quel periodo non abbiamo raffigurazioni di Gesù come uomo, ma soltanto immagini simboliche che alludono ai diversi appellativi che venivano dati al Cristo.

Numerose furono le immagini usate dai primi cristiani (vedi anche pp. 14-15); in particolare:

- il pesce,
- il monogramma XP,
- l'agnello,
- il buon pastore.

Che volto aveva Gesù?

Dopo il IV secolo si hanno le prime avvisaglie di un cambiamento di rotta: sappiamo da fonti letterarie che cominciavano a diffondersi immagini di Gesù presentato nella sua dimensione fisica, di essere umano.

Secondo i Padri della Chiesa Gesù era brutto e deforme, perché l'essere brutto come uomo lo innalzava come Dio. Al di là delle testimonianze scritte, la prima immagine rimastaci del volto di Cristo è quella che appare su una moneta coniata sotto l'imperatore bizantino Giustiniano II (685-695). Si tratta di un'immagine davvero com-

Alcune raffigurazioni del volto di Cristo. Sopra: *Cristo pantocratore*, moneta dell'imperatore bizantino Giustiniano II; Parigi, Biblioteca Nazionale. A sinistra: Beato Angelico, *Crocifisso adorato da san Domenico*, particolare, 1442 circa; Firenze, Museo di San Marco. A destra: Salvador Dalí, *L'Ultima Cena*, particolare, 1955; Washington, National Gallery.

Sopra: Maestro di Santa Veronica, *Santa Veronica col sudario*, 1420 circa; Londra, National Gallery.

A destra: *Mandylion di Edessa*, icona bizantina del XVIII secolo; Londra, Hampton Court, Royal Collection.

movente, in quanto il volto di Cristo è rappresentato come quello di una persona normale, un uomo qualunque, non particolarmente bello (ha persino il naso schiacciato).

È insomma un Cristo molto vicino agli uomini comuni, e ben lontano da quel Gesù bellissimo, idealizzato, dai lineamenti fini, spesso biondo, che si andrà delineando nell'arte dei secoli successivi, come testimonia il particolare del volto di Cristo sia nel *Crocifisso adorato da san Domenico*, affrescato da Beato Angelico verso il 1442 nel convento di San Marco a Firenze sia nel dipinto di Salvador Dalí *L'Ultima Cena* (1955).

La raffigurazione tradizionale del volto di Gesù si fonda in Occidente sull'episodio della Veronica, la donna che, secondo la leggenda, porse a Cristo, che saliva al Calvario con la croce, un panno per tergersi il volto; su quel panno rimase miracolosamente impresso il volto del Redentore. La santa reliquia di questo panno è conservata a Roma, in San Pietro, e il nome Veronica significa appunto "vera icona", cioè "vera immagine".

La Veronica è rappresentata nei dipinti devozionali con in mano il telo che reca impressa l'effigie di Cristo, talvolta coronata di spine.

Dal VI al XIII secolo, tuttavia, la più nota delle immagini miracolose del volto di Gesù non ritratto da mano umana fu quella del cosiddetto *Mandylion* (cioè tela) *di Edessa*, che dal 944 al 1203 fece parte del tesoro imperiale di Costantinopoli. La riproduzione che vediamo qui sotto non solo riporta l'immagine del Mandylion, ma la incornicia con episodi della leggenda secondo cui Abgar, re di Edessa ai tempi di Gesù, caduto malato, aveva mandato un suo servo a ritrarre il Messia, sperando che l'immagine lo avrebbe guarito. Ma il servo non riuscì a ritrarre il volto di Cristo, per l'intensa luce che emanava da esso. Allora Gesù si fece dare la tela, l'applicò al proprio viso e vi lasciò così impressa la propria immagine. Le immagini derivate dalle leggende della Veronica e di Abgar vengono dette *acheropite*, parola greca che significa "non fatte da mano umana".

Cristo Pantocratore, 1172-1185; Monreale (Palermo), Duomo.

L'insistenza sulla divinità del Cristo è una componente essenziale delle raffigurazioni di produzione bizantina e porta alla creazione dell'immagine del *Cristo Pantocratore* (cioè "Signore di tutte le cose"), raffigurato nell'abside delle chiese. La figura del Cristo di età matura, con la barba, interpretabile come l'aspetto che doveva aver avuto nella sua vita terrena, è decisamente più recente (x secolo).

Un'altra figurazione tipica del Cristo medievale è quella del *Cristo in Maestà*, come quello dipinto nel 1123 nell'abside della chiesa di San Clemente a Tahull, in Catalogna, e oggi conservato a Barcellona, al Museo d'Arte Catalana.

L'affresco rappresenta la figura di Cristo in trono, cioè nel giorno del Giudizio universale, quando tornerà per giudicare i vivi e i morti e il suo Regno trionfatore si instaurerà definitivamente. La composizione è simmetrica, basata sulla verticale centrale di Cristo, i colori sono contrastanti e l'immagine comunica sia l'autorità divina che la grandiosità del momento. L'intensa espressione di Cristo sottolinea la sua severità di giudice finale ed Egli è seduto sull'arcobaleno, simbolo della luce radiosa del Paradiso. Le lettere greche *alfa* e *omega*, ai lati del volto, indicano l'inizio e la fine dell'alfabeto e, simbolicamente, del mondo.

Queste immagini ci presentano un Cristo dall'espressione rigida, dura, che mette l'accento soprattutto sul suo aspetto divino. Dobbiamo questa caratteristica anzitutto a un fattore di carattere teologico: si voleva mettere in evidenza l'inevitabile trionfo del Cristo e della sua Chiesa. Lo vediamo molto bene nella tradizione delle *croci dipinte*, che nasce in Italia nel XII secolo, in cui il Cristo viene rappresentato come *Christus Triumphans*, cioè come trionfatore sulla morte: su supporti di legno a forma di croce, spesso circondati da riquadri che illustrano episodi della Passione, viene dipinto il Cristo crocifisso.

Uno dei più antichi dipinti di questo genere giunto sino a noi è quello di Mastro Guglielmo, del 1138. Lo schema è di derivazione bizantina e Cristo è rappresentato nel momento del supplizio: eretto, rigido, statico, dipinto frontalmente. Benché con gli occhi aperti, e quindi ancora vivo, non sembra soffrire e dunque non sembra umano: è il Cristo trionfante che ha vinto la morte.

Mastro Guglielmo, Croce *dipinta;* 1138, Sarzana (La Spezia), Duomo.

Anonimo, *Maestà*, 1123 circa; Barcellona, Museo d'Arte Catalana.

Un altro fattore importante per il modo di raffigurare il Cristo fino al XII secolo deriva dal fatto che l'arte occidentale era sotto l'influsso di quella bizantina, che ritraeva le figure secondo uno stile detto *ieratico*, cioè rigido, severo, con un carattere sovrumano. È quanto possiamo riscontrare nella produzione delle *icone*, immagini sacre dipinte su tavola e senza cornice, dall'aspetto totalmente smaterializzato. Sono spesso figure molto allungate, il che le rende ancora più distanti dalla realtà fisica.

A partire dal XIII secolo si fa strada una sensibilità nuova: l'accento si sposta sulla natura umana del Cristo: Gesù viene visto come più vicino alle sofferenze umane, il suo stesso patimento sulla croce viene messo in risalto come sofferenza fisica, autentica. È insomma un Gesù che si avvicina all'esperienza del dolore dell'uomo comune, secondo una visione che deve molto anche alla predicazione di san Francesco. Ancora una volta abbiamo il sintomo di questo mutamento di clima nella pittura dei *crocifissi*.

Cimabue, *Crocifisso*, 1285 circa; Firenze, Museo di Santa Croce.

Giotto, *Crocifisso*, 1303-1305; Padova, Cappella degli Scrovegni.

Nell'opera di Cimabue gradualmente ci si allontana dallo schematismo bizantino e le linee incisive e tormentate, caratteristiche dell'arte gotica, costruiscono le forme del corpo di Cristo. Egli è rappresentato nel momento di massima tensione espressiva, quando si inarca nello spasimo della sofferenza e sembra staccarsi dalla croce, tanto da far percepire lo spazio tra il corpo e il legno, per trasmettere il dolore e la drammaticità dell'ultimo atto della passione: la morte. È un Cristo sofferente. Giotto interpreta invece in modo nuovo il tema della crocifissione. La figura, non più inarcata, è rappresentata con senso prospettico e il chiaroscuro mostra una precisa attenzione anatomica. L'atteggiamento più sereno, anche se dolente, rende la figura del Cristo profondamente umana. Vi è la rappresentazione della duplice natura umana e divina di Gesù.

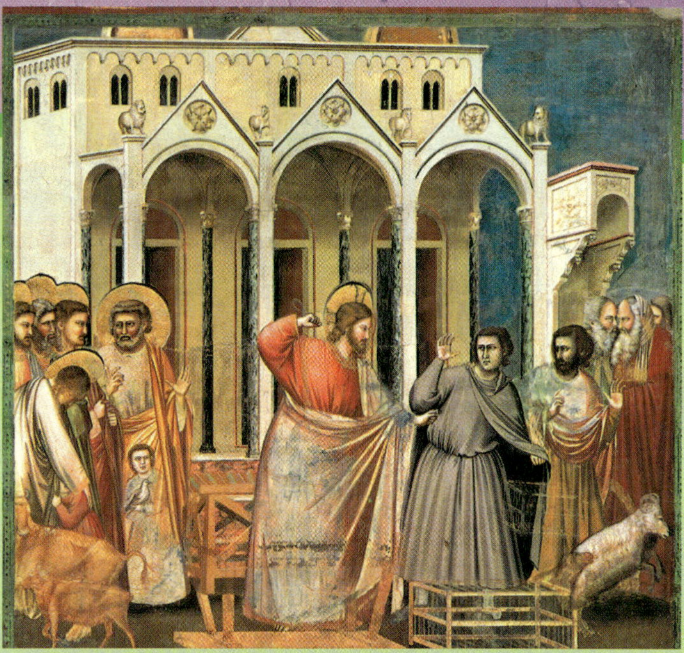

Giotto, *Storie di Cristo*, 1303-1305; Padova, Cappella degli Scrovegni.
Sopra: *Il battesimo di Cristo* e *La cacciata dei mercanti dal Tempio*.
Sotto: *Cristo davanti a Caifa* e *Compianto sul Cristo morto*.

La vita di Gesù

A partire dalla fine del Duecento si diffondono anche i grandi cicli di affreschi che ritraggono gli episodi della vita di Gesù. Sono una sorta di *Biblia pauperum*, di Bibbia dei poveri, una forma di catechesi per la maggioranza del popolo, che non sapeva né leggere né scrivere, assisteva a celebrazioni liturgiche in una lingua obsoleta, il latino, e pertanto doveva essere colpita sul piano emozionale mediante il linguaggio delle immagini.

Il ciclo di affreschi dipinti da Giotto nel 1303-1305 nella Cappella degli Scrovegni a Padova ci mostra un Gesù dipinto secondo uno stile che si avvicina sempre di più alle emozioni e ai sentimenti della vita comune degli uomini. La narrazione degli episodi procede per fasce sovrapposte, iniziando da quella più in alto a destra con sei *Storie di Gioacchino*, riguardanti i fatti precedenti alla nascita di Maria. Sulla fascia dirimpetto, sulla parete sinistra, sono invece descritte sei *Storie della Madonna*, dalla nascita fino allo sposalizio con Giuseppe. La fascia superiore si conclude nel grande arco di fondo con tre immagini dell'*Annunciazione*. Si riprende nella zona mediana delle pareti laterali con ventiquattro scene distribuite in una doppia fascia e illustranti le *Storie di Cristo*, con i fatti salienti della sua vita, rappresentati con un eccezionale realismo psicologico: la gamma di gesti ed espressioni traduce le passioni interiori, arrivando in taluni episodi, quale quello del *Compianto sul Cristo morto*, a un coinvolgimento emotivo eccezionale.

L'infanzia di Gesù

I dipinti che da sempre attirano maggiore simpatia nei confronti di Gesù sono quelli in cui lo vediamo bambino: viene istintivo un moto di tenerezza come quello che tutti i genitori provano per i loro bimbi.

La Madonna che allatta Gesù è un soggetto che indica come la figura del Salvatore cominciò a essere interpretata in modo sempre più umanizzato e realistico. Ad esempio, nel dipinto di Ambrogio Lorenzetti riprodotto qui sotto, lo sguardo intenso e tenero che Maria rivolge a Gesù è quello di ogni madre verso il proprio bambino.

I Vangeli passano sotto silenzio l'infanzia di Gesù, citata soltanto in quello di Luca. Al contrario questa lacuna è ampiamente colmata da molti racconti dei Vangeli apocrifi (raccolti nel cosiddetto "Vangelo dell'infanzia"), che hanno dato vita a numerosi quadretti di vita domestica della Sacra Famiglia. Nel dipinto di Murillo, *La Sacra Famiglia con il cagnolino*, vediamo Gesù bimbo giocare con un

Ambrogio Lorenzetti, *Madonna del latte,* 1330; Siena, Palazzo Arcivescovile.

Bartolomé Esteban Murillo, *La Sacra Famiglia con il cagnolino*, 1650 ca., Madrid, Museo del Prado.

Gerrit van Honthorst, *L'infanzia di Cristo*, 1620 circa; San Pietroburgo, Collezione Durnovo.

Albrecht Dürer, *Cristo fra i dottori*, 1506; Madrid, Collezione Thyssen-Bornemisza.

cagnolino, sorretto da Giuseppe e sotto lo sguardo intenerito di Maria, intenta a lavori di cucito e filato, le attività domestiche consuete per ogni donna del tempo. Gesù tiene in mano un uccellino, simbolo della Passione. Così, pur nel suo carattere sorridente e domestico, la scena acquista anche un significato di premonizione. Nell'opera di Gerrit van Honthorst, *L'infanzia di Cristo*, Giuseppe è in piena attività nella sua bottega. Gesù gli fa luce con una candela, che è anche simbolo della luce che Egli porterà per rischiarare il mondo.

Un altro episodio della vita di Gesù che è stato frequentemente illustrato è quello relativo alla sua visita al Tempio di Gerusalemme. Nel Vangelo di Luca leggiamo:

"I suoi genitori si recavano ogni anno a Gerusalemme per la festa di Pasqua. Quando egli ebbe dodici anni, vi salirono secondo la consuetudine della festa. Ma, trascorsi i giorni, mentre riprendevano la via del ritorno, il fanciullo Gesù rimase a Gerusalemme, senza che i genitori se ne accorgessero. Credendo che egli fosse nella comitiva, fecero una giornata di viaggio e poi si misero a cercarlo tra i parenti e i conoscenti; non avendolo trovato, tornarono in cerca di lui a Gerusalemme. Dopo tre giorni lo trovarono nel tempio, seduto in mezzo ai maestri, mentre li ascoltava e li interrogava. E tutti quelli che l'udivano erano pieni di stupore per la sua intelligenza e le sue risposte. Al vederlo restarono stupiti, e sua madre gli disse: 'Figlio, perché ci hai fatto questo? Ecco, tuo padre e io, angosciati, ti cercavamo'." (Lc, 2,41-48).

Nel quadro di Albrecht Dürer, *Cristo fra i dottori*, il centro della scena verte sul gioco delle mani di Gesù dodicenne, che così spiega ai dottori del Tempio i concetti, come un maestro con gli allievi.

La figura di Cristo nell'arte contemporanea

Nell'epoca contemporanea gli artisti, credenti e non, sviluppano con riferimento alla figura del Cristo la meditazione sul dramma della croce. È molta l'insistenza sul Cristo che soffre, come paradigma dell'uomo messo alla prova. Le due guerre mondiali portano gli artisti a mescolare i temi della religione e della guerra. La meditazione sul Cristo crocifisso permette di rappresentare l'assurdità della guerra e il dolore della condizione umana.

Mikolaj Ge, *Cristo crocifisso*, 1893; Parigi, Museo d'Orsay.

Georges Rouault, *La crocifissione*, 1936; Parigi, Museo Picasso.

Edvard Munch, *Golgota*, 1900; Oslo, Munch Museum.

La produzione cinematografica su Gesù Cristo

La figura di Cristo inevitabilmente ha destato interesse anche nel mondo della cinematografia, fornendo spunti per molte opere filmiche. Sono più di 150 i registi che con maggiore o minore tensione spirituale hanno avvicinato la figura di Gesù Cristo e la sua vicenda. Bisogna ricordare che ogni film su Gesù non ne svela la personalità, ma rimanda a un personale punto di vista e va letto decodificando il prodotto culturale dell'epoca in cui è stato prodotto con il suo apparato tecnologico e linguistico. In sostanza il film va interpretato, ricordando che nulla sostituirà mai la lettura del Vangelo e che dietro all'interpretazione che ciascuno offre, vicino al Cristo della fede, vi è per ogni credente un Gesù più personale, legato al proprio vissuto e alle proprie esperienze di vita. I film sulla passione di Cristo furono numerosi alle origini del cinema, poi si fecero più rari e talvolta si impregnarono di istanze legate più agli autori che al Vangelo. Non per nulla film quali *La passione di Cristo* (2004) di Mel Gibson, a fronte di un ampio successo di pubblico, ha visto teologi, biblisti e critici cinematografici assumere posizioni discordanti. Tra le opere italiane ricordiamo *Il Messia* di Roberto Rossellini, *Il Vangelo secondo Matteo* di Pierpaolo Pasolini, *Cercasi Gesù* di Luigi Comencini, *Gesù di Nazareth* di Franco Zeffirelli, *L'inchiesta* di Damiano Damiani.

Tre volti "cinematografici" di Gesù tratti dai film che abbiamo citato di Zeffirelli, di Pasolini e di Gibson.

Marc Chagall, *Crocifissione bianca*, 1938; Chicago, The Art Institute.
Nella raffigurazione di Chagall Cristo crocifisso è simbolo dell'ebreo perseguitato e di ogni vittima innocente.

verifica delle conoscenze e delle abilità

INTERATTIVA

1 Indica se le affermazioni sono vere (V) o false (F).

a Gli Atti degli Apostoli parlano della comunità cristiana nascente. V F
b Lo Spirito Santo il giorno di Pentecoste apparve sotto forma di colomba. V F
c Maria, Giuda Iscariota e gli altri apostoli erano presenti quando scese lo Spirito Santo. V F
d Paolo prima di convertirsi si chiamava Saulo. V F
e Il contributo di Paolo al Concilio di Gerusalemme fu molto importante. V F
f L'attività evangelizzatrice di Paolo si svolse prevalentemente in Italia. V F
g Con l'editto di Milano del 313 venne concessa ai cristiani la libertà di culto. V F
h I cristiani durante le persecuzioni abiuravano frequentemente. V F

2 Abbina correttamente ogni termine alla propria definizione.

a *Kérygma*	*1* Colui che, pur di non rinnegare la propria fede, preferisce andare incontro alla morte
b Ascensione	*2* Comunione fraterna
c Teofania	*3* Salita in cielo
d *Agápe*	*4* Annuncio della passione, morte e risurrezione di Gesù
e Martire	*5* Manifestazione di Dio

3 Sottolinea nell'elenco i valori che ispirarono la prima comunità cristiana.

amore fraterno – solidarietà – ambizione – prestigio – spirito di servizio – competitività – disinteresse per sé – amore per la cultura e per la storia – interesse per la proprietà privata

4 Paolo, prigioniero, ringrazia per la solidarietà i cristiani di Filippi e afferma che da Cristo ha ricevuto una grande libertà di spirito, sia nella povertà sia nella ricchezza. Completa i passi della Bibbia (Fil 4,12-14.19-20) inserendo correttamente le seguenti parole.

povertà – bisogno – gloria – abbondanza – magnificenza – forza – fame

So vivere nella .... come so vivere nell'............................; sono allenato a tutto e per tutto, alla sazietà e alla ...., all'abbondanza e all'indigenza. Tutto posso in colui che mi dà la .... Avete fatto bene tuttavia a prendere parte alle mie tribolazioni. Il mio Dio, a sua volta, colmerà ogni vostro .... secondo la sua ricchezza con ...., in Gesù Cristo. Al Dio e Padre nostro sia .... nei secoli dei secoli. Amen

5 Metti in ordine cronologico le tappe della vita di san Paolo inserendo nei quadratini i numeri nella corretta successione.

☐ *a* Saulo nacque a Tarso in Cilicia.
☐ *b* Nel secondo viaggio missionario Paolo si recò a Corinto.
☐ *c* Paolo, lungo la strada di Damasco, ebbe una visione e cambiò radicalmente vita.
☐ *d* Saulo ricevette il mandato di perseguitare i cristiani di Damasco.
☐ *e* Paolo compì numerosi viaggi missionari, il primo partendo dall'isola di Cipro.
☐ *f* Paolo morì martire a Roma durante le persecuzioni di Nerone.
☐ *g* Paolo partecipò al Concilio di Gerusalemme.

6 Scegli il completamento corretto.

- **I cristiani diffondevano nell'impero romano:**
  - a una nuova dottrina sociale che, in nome della fratellanza, tendeva a eliminare le distinzioni di classe
  - b una nuova dottrina sociale che, in nome dell'oligarchia, tendeva a richiedere la sottomissione ad alcuni capi
  - c una nuova dottrina sociale che, in nome dell'egemonia, tendeva a richiedere la sottomissione a un unico uomo
  - d una nuova dottrina sociale che, in nome dell'anarchia, tendeva a eliminare ogni forma di governo politico
- **I cristiani predicavano gli ideali di:**
  - a forza, potere, amore, rinuncia, sopportazione
  - b forza, potere, piacere, bontà, amore
  - c umiltà, sopportazione, rinuncia, bontà, amore
  - d umiltà, potere, bontà, piacere, amore
- **L'eresia ariana metteva in discussione:**
  - a l'esistenza di Gesù
  - b la divinità di Gesù
  - c la figura di Maria come madre di Dio
  - d l'umanità di Gesù
- **Nel linguaggio religioso la parola "eresia" indica una dottrina che contraddice:**
  - a una verità religiosa scoperta da un santo
  - b una verità rivelata da Dio e custodita dalla Chiesa
  - c una verità dimostrata dalla scienza
  - d una verità condivisa da tutti

7 Completa le seguenti frasi.

a Una persecuzione è una forma di ....
contro ....

b Un martire è chi accetta di ....
per testimoniare la ....

c I convertiti sono persone che ....

8 Inserisci correttamente nel testo le seguenti parole.

orientali – Gerusalemme – mistero – martirio – pubblica – romano –
Mediterraneo – pagani – apologetica

Da .... la Chiesa si espanse nel bacino del .... nel periodo che va dal III al IV secolo. Nell'impero .... i cristiani dovettero affrontare l'ostilità dei .... , che a Roma praticavano culti .... di tipo magico. Molti cristiani pagarono la testimonianza della loro fede con il .... L'ostilità nei loro confronti era determinata probabilmente dal loro disinteresse per la vita .... e dal fatto di condurre un'esistenza riservata, che suscitava un'atmosfera di .... intorno ai loro culti. I cristiani reagirono all'ostilità del mondo pagano attraverso una letteratura difensiva detta ....

INTERATTIVA

mappa

Nasce la prima .... cristiana a Gerusalemme

Gli .... e le Lettere di Paolo permettono di conoscere la **vita dei primi cristiani**

Pentecoste:
- gli apostoli ricevono lo ....
- portano il Vangelo a tutte le genti

Gli .... predicano l'**annuncio cristiano** e organizzano le **prime comunità**

Pietro
- è il .... per eccellenza
- è scelto da Gesù per .... la sua Chiesa

Paolo
- viaggia e fonda molte comunità
- le sue .... danno indicazioni teologiche e pastorali

Con Nerone (64) iniziano le **persecuzioni** dei cristiani: i .... pagano con la vita la fedeltà all'amore per il Signore

Nel 313 .... , con l'editto di Milano, concede la **libertà di culto**

Con Teodosio (380) il .... diventa la **religione** ufficiale **dell'impero**

Eresie: modi diversi di intendere la figura di .... e la sua natura

Concili: stabiliscono i .... di fede contro le eresie

Completa la mappa inserendo le seguenti parole o espressioni.

missionario – cristianesimo – Spirito Santo – martiri – dogmi – apostoli – Costantino – fondare – comunità – Gesù – Atti degli Apostoli – Lettere

attività per la verifica delle competenze

1 Sapresti citare qualche esempio attuale in cui la comunità ecclesiastica dà prova di incarnare i valori della Chiesa delle origini?

2 Che cosa significa "essere responsabile" di qualcosa o di qualcuno? Per rispondere ti forniamo una serie di suggerimenti. Completali, confrontandoti con i tuoi compagni per realizzare un cartellone.

3 Il martirio è una dimensione costante del cristianesimo. Essere testimoni della propria fede è infatti fondamentale per un cristiano autentico. Pensa che i martiri cristiani sono stati calcolati nel numero di 105 000 all'anno (Fonte: Cesnur, 8 giugno 2011). Con l'aiuto dell'insegnante, fai una ricerca sulle persecuzioni nei confronti dei cristiani oggi, nei vari Stati del mondo. Insieme con i tuoi compagni realizza poi un cartellone in cui sia evidenziato il fenomeno del martirio in Africa, in Asia e in Europa. Puoi consultare, ad esempio, il sito internet www.porteaperteitalia.org e quello di Amnesty International, www.amnesty.it.

4 "*Noi accettiamo la sofferenza, ma allo stesso modo della guerra, che nessuno accetta volentieri e tuttavia si combatte fino all'estremo delle forze*". Sono parole dello scrittore cristiano Tertulliano (II secolo). Quale significato hanno, secondo te, in relazione al martirio?

5 Perdonare chi sbaglia è un atteggiamento di profonda umanità e presuppone una capacità di comprensione delle debolezze altrui. Ti sarà capitato di subire un torto (da parte di un familiare, di un amico, di un compagno, di un insegnante…); rifletti:
- quale stato d'animo hai provato nell'immediato?
- in seguito il tuo atteggiamento è cambiato oppure no?
- pensi di aver compreso il motivo del comportamento di chi ti ha offeso?

6 Una mostra ideata e allestita dal Museo Diocesano di Milano (Palazzo Reale, 25 ottobre 2012 – 17 marzo 2013) ha portato alla luce la centralità storica e culturale del periodo costantiniano, simbolo di una trasformazione sostanziale dell'Occidente. Puoi trovarne notizia al link www.mostracostantino.it. Insieme con i tuoi compagni, e con l'aiuto degli insegnanti di Religione e di Storia, cerca di ricostruire le coordinate della tolleranza costantiniana, diventata chiave di volta per la diffusione del cristianesimo, prima costretto alla semiclandestinità.

2

L'evangelizzazione e la formazione dell'Europa

La misericordia di Dio è il sale del Vangelo

Maestro Jered entrò in classe e raccontò una storia: “Si narra che nel lontano IX secolo un giovane monaco, zelante nella missione e focoso predicatore, relazionando all’abate sulle difficoltà dell’evangelizzazione, avesse detto: ‘Che teste dure gli abitanti di questa lontana regione. Dobbiamo, con ogni mezzo, mettere Dio nella loro vita’. Si tramanda che l’anziano abate avesse risposto: ‘C’è già. Il nostro compito è rendercene conto’ ”.
Maestro Jered guardò i ragazzi e proseguì: “Lo zelo eccessivo di alcuni uomini ha rischiato, a volte, nella lunga storia della Chiesa, di rendere insipido il sale del Vangelo. La voglia di potere, la bramosia di conquista, la sollecitudine di imporre con ogni mezzo la verità ha fatto talora dimenticare la grande misericordia di Dio. Fortunatamente, sempre saggi uomini come l’anziano abate lo hanno ricordato”.

Perché è importante avere una guida

Capita a volte di sbagliare, anche in buona fede. Magari perché non si riflette abbastanza, non si ragiona sul fatto che alcune situazioni sono diverse da altre e che non si può applicare sempre lo stesso comportamento. Avere una persona saggia che ci consiglia e che ci guida può allora essere utile per non commettere errori.

- Secondo te, affidarsi ai consigli di qualcuno significa:
  1. essere ragionevoli e consci dei propri limiti;
  2. essere insicuri;
  3. non essere liberi;
  4. essere maturi per cogliere un’opportunità.

Partendo da questa riflessione, scrivi qual è il tuo pensiero.

OBIETTIVI

- Conoscere l’evoluzione storica e l’azione missionaria e di unificazione religiosa e culturale della Chiesa, realtà voluta da Dio, universale e locale, articolata secondo carismi e ministeri, in cui agisce lo Spirito Santo.
- Riconoscere il messaggio cristiano nell’arte e nella cultura in Italia e in Europa, nell’epoca tardo-antica e medievale.
- Focalizzare le strutture e i significati dei luoghi sacri dall’antichità ai nostri giorni.

DIO E L’UOMO   IL LINGUAGGIO RELIGIOSO

COMPETENZE

- L’alunno ricostruisce gli elementi fondamentali della storia della Chiesa e li confronta con le vicende della storia civile elaborando criteri per un’interpretazione consapevole.
- Sa riconoscere i linguaggi espressivi della fede e individuarne le tracce presenti in ambito locale, italiano, europeo e nel mondo, imparando ad apprezzarli dal punto di vista artistico, culturale e spirituale.

1 Le radici dell'unità europea

LA CRISI DELL'IMPERO ROMANO

Negli stessi secoli in cui si andava affermando il cristianesimo, l'**impero romano** stava vivendo una forte **crisi di tipo economico e politico** che ne minò gradualmente la struttura. L'esercito romano non riuscì a contrastare le **pressioni dei popoli barbari** che si affacciavano ai confini dell'Europa e che cominciarono a travolgerli. **L'impero romano d'Occidente cadde nel 476**, quando quegli stessi popoli barbari deposero l'ultimo imperatore romano, Romolo Augustolo.

Antonello da Messina, *San Gregorio Magno*, 1470-1475; Palermo, Galleria Regionale della Sicilia.

LA FUNZIONE DEI VESCOVI

Nel vuoto creato dalla scomparsa delle strutture civili e dei presìdi imperiali romani, intere regioni dell'Europa rimasero in balìa di loro stesse, esposte alla violenza degli invasori e devastate da epidemie e carestie. Emerse una nuova figura di "uomo pubblico", il **vescovo,** come **capo carismatico a cui faceva riferimento tutta la comunità**.

La sua autorità si estendeva sulla città in cui risiedeva e sul territorio che ne dipendeva amministrativamente, cioè sulla sua **diocesi**. Il vescovo officiava le funzioni liturgiche nella chiesa principale della diocesi, cioè nella **cattedrale**, così chiamata in quanto vi era posta la **cattedra**, cioè il piccolo trono su cui egli sedeva. Eletto in alcuni casi dai fedeli, in altri dal clero (a seconda delle situazioni e del periodo), poteva esercitare la sua autorità solo dopo essere stato consacrato da uno o più vescovi delle regioni vicine.

Oltre a farsi carico di compiti di tipo pastorale e dottrinale, il vescovo organizzava l'**assistenza ai poveri**, istituiva brefotrofi e gerontocomi, **amministrava i beni della comunità** e si preoccupava di organizzare la **difesa della città** durante gli attacchi.

La prima grande figura di vescovo capo carismatico di una città fu, nell'ultimo secolo di vita dell'impero, **Ambrogio**, vescovo di Milano.

LA MISSIONE EVANGELIZZATRICE

In questo periodo di forte crisi politica, la Chiesa conobbe **una nuova stagione missionaria**: l'obiettivo era quello di portare il messaggio evangelico ai popoli con cui l'impero romano era venuto in contatto, la maggior parte dei quali era **politeista**. Alcuni, ad esempio i longobardi, si erano già convertiti al cristianesimo, ma nella forma **ariana** (vedi p. 38).

L'**evangelizzazione di nuovi territori** fu il primo contributo per la formazione dell'**unità culturale europea**, le cui basi furono poste dall'**unificazione religiosa**. Una figura determinante in questo processo di unificazione fu quella di **Gregorio Magno**, papa tra il 590 e il 604: una personalità complessa, profondamente spirituale, ma anche con grandi doti politiche. Egli fu il vero protagonista dell'ascesa della **Chiesa di Roma**, che nel VI secolo divenne l'**unico punto di riferimento religioso, politico, sociale e culturale** del mondo occidentale.

RISORSE DIGITALI

LEGGIAMO LE FONTI
- La Chiesa missionaria e l'unità europea

APPROFONDIAMO...
- Gregorio Magno
- Due precursori dell'ecumenismo: Cirillo e Metodio
- I sei santi protettori dell'Europa
- Le origini del culto cristiano in Inghilterra

leggiamo le fonti

Carattere e virtù di Ambrogio

Per la sua fama di uomo giusto Ambrogio venne acclamato vescovo dal popolo già nel 374, quando ancora non era stato battezzato.

Il venerando vescovo praticava grande astinenza e si dedicava a molte vigilie e fatiche, macerando il corpo col continuo digiuno: infatti non era solito pranzare se non nei giorni di sabato e domenica o quando ricorresse il giorno natalizio di martiri molto famosi. Pregava continuamente giorno e notte. Non rifuggiva la fatica di scrivere di propria mano i suoi libri, se non quando il suo corpo era afflitto da qualche malattia. Era molto sollecito per tutte le chiese, anche assiduo e costante nell'intervenire. Nel celebrare le sacre funzioni era molto resistente, al punto che quanto egli era solito fare da solo nella celebrazione dei battesimi, dopo la sua morte a stento lo facevano cinque vescovi. Era fin troppo sollecito in favore dei poveri e dei prigionieri: infatti, allorché fu ordinato vescovo, dette alla chiesa e ai poveri tutto l'oro e l'argento di cui disponeva allora. Donò alla chiesa anche le proprietà che aveva, riservandone l'usufrutto per sua sorella, per seguire come soldato nudo e senza impedimenti Cristo Signore, che da ricco che era si è fatto povero, perché noi diventassimo ricchi con la sua povertà.

PAOLINO DI NOLA, *Vita di Sant'Ambrogio,* San Paolo, Cinisello Balsamo (MI) 2005

Sant'Ambrogio; Milano, Museo Diocesano.

approfondiamo...

Le radici culturali dell'Europa

L'identità storica dell'Europa ha radici cristiane. Gesù Cristo è venuto per tutte le genti, ma l'Europa è il luogo geo-storico nel quale il cristianesimo si è affermato nella totalità territoriale del continente e si è concretizzato in aspetti della società, della cultura, del sapere, delle arti, dell'immaginario, della vita quotidiana. Nel corso di circa sette secoli, cioè dall'epoca di Costantino sino all'imperatore Ottone III, si è verificata una progressiva cristianizzazione delle popolazioni autoctone e di quelle insediatesi in Europa a causa di progressivi fenomeni migratori. Questo fatto ha contribuito alla formazione dell'Europa come comunità di popoli diversi tra loro per lingue e tradizioni ma uniti da un'unica fede.

SEGUE

NOI ♡ !

2 La nascita del monachesimo

IL RUOLO DEL MONACHESIMO

Un ruolo determinante nella realizzazione dell'unità religiosa e politica europea ebbe il fenomeno del **monachesimo**, grazie al quale **la cultura cristiana poté diffondersi capillarmente in Europa**.

Ancor prima della venuta di Cristo si era sviluppata una tradizione di individui che preferivano coltivare il loro rapporto con Dio al di fuori della comunità (basti ricordare san Giovanni Battista), in una condizione di **vita solitaria**, segnata dalla **preghiera** e dall'estrema **frugalità di costumi** (assoluta mancanza di comodità di vita, scarsissima assunzione di cibo), viste come strumenti per giungere all'**ascesi**, cioè alla salita verso Dio. Il monachesimo cristiano propriamente detto nacque però nel **III secolo** in Egitto e in altre regioni del Mediterraneo orientale.

Monachesimo
Il monaco (dal greco *monachós*, "solitario") è colui che si ritira dalla vita sociale per realizzare in solitudine (o in piccole comunità) un ideale di perfezione. Il termine *monachesimo* indica sia il fenomeno di allontanamento dalla vita sociale sia l'insieme delle istituzioni monastiche.

Ascesi
Dal greco *áskesis*, "esercizio". Le pratiche ascetiche consistono in tecniche particolari, come il digiuno, la meditazione, il controllo degli istinti.

IL MONACHESIMO EREMITICO

Nelle regioni orientali dell'impero alcuni cristiani scelsero di **ritirarsi in luoghi deserti e isolati** (che meglio rappresentavano il luogo della solitudine e dell'incontro con Dio), consacrando integralmente a Dio la loro esistenza. La loro giornata trascorreva in solitudine, tra preghiera, contemplazione e penitenza, nel tentativo di mettere in pratica la **povertà** consigliata dal Vangelo e una **profonda unione spirituale** con Dio. Questo tipo di pratica era detto **eremitismo** o **anacoretismo**.

Il più famoso degli eremiti in Egitto fu **Antonio Magno** (morto nel 365), cui la tradizione attribuì una vita di 105 anni. La sua biografia, scritta dal patriarca Atanasio, descrive tutte le prove cui fu sottoposto Antonio nella solitudine del deserto (sono celebri le sue lotte contro il demonio e le tentazioni) e costituì la guida spirituale per molti monaci.

Eremitismo, anacoretismo
I due termini sono sinonimi e derivano rispettivamente dal greco *éremos*, "deserto", "solitario" e *anachoréin*, "ritirarsi in disparte".

Cenobitico
Dal greco *koinós*, "comune" e *bíos*, "vita".

IL MONACHESIMO CENOBITICO

L'esperienza monastica si espresse però anche in forme di **vita associata**: i monaci conducevano vita comune, almeno durante i pasti, e condividevano una **regola monastica**, cioè un insieme di princìpi e di norme che regolavano il comportamento dei monaci. Sostenitore di tale modello fu l'egiziano **Pacomio** (287-346), che dopo la conversione al cristianesimo si ritirò eremita nel deserto per alcuni anni e fondò nel 320 una comunità monastica regolata da una rigida disciplina. Questo monachesimo, detto **cenobitico**, si diffuse progressivamente sia in Oriente sia in varie regioni dell'Occidente.

RISORSE DIGITALI
LEGGIAMO LE FONTI
- Saper "dire io" per incontrare l'altro

MR Fiammifero

leggiamo le fonti

Antonio Magno, il fondatore dell'eremitismo

Nei primi secoli del cristianesimo erano considerati "perfetti" coloro che subivano il martirio, imitando Gesù anche nel dono della vita. Cessate le persecuzioni, alcuni cristiani vollero esprimere lo stesso desiderio di radicalità scegliendo una forma "monastica" di vita, tutta dedita alla preghiera, al lavoro e all'ascesi.
Antonio è considerato il fondatore del monachesimo eremitico. A diciassette anni sentì leggere in chiesa il brano evangelico in cui Gesù propone al giovane ricco di "vendere ogni cosa e donare il ricavato ai poveri, per acquistare un tesoro in cielo". E capì che Cristo rivolgeva anche a lui lo stesso invito. Si spogliò dunque di tutte le ricchezze ereditate dai genitori e si ritirò in un deserto sulle rive del Mar Rosso. La gente quando parlava di lui lo chiamava "l'uomo innamorato di Dio". Col passare degli anni la sua fama si diffuse nella regione e molti accorrevano per chiedergli consiglio e mettersi alla sua scuola spirituale.

SEGUE

A. M. Sicari, *Il santo del giorno*, in "Avvenire", 17 gennaio 2012

Sant'Antonio Abate, affresco, fine XV secolo; Ponte Nizza (Pavia), Eremo di S. Alberto di Butrio.

approfondiamo...

Pacomio e il monachesimo in Egitto

Il monachesimo egiziano ebbe inizio con sant'Antonio il Grande o Abate, ma fu soltanto con Pacomio che assunse una connotazione comunitaria. Nato nella Tebaide intorno al 287, egli era un ex soldato dell'esercito romano e, non a caso, applicò alla vita monacale un'autentica disciplina militare. Anche alcune donne abbracciarono questo nuovo modo di cercare Dio in comune, prima fra tutte la sorella di Pacomio. Dall'Egitto il monachesimo si affermò poi in Grecia, con san Basilio, in Oriente e, per il tramite di Eusebio da Vercelli e di sant'Agostino, anche in Italia.

SEGUE

Il monastero dei Romani a Wadi en-Natrun, in Egitto.

Uomini di Dio

Il film racconta un fatto realmente accaduto: il rapimento e l'assassinio di un gruppo di monaci cristiani in Algeria ad opera di fanatici religiosi islamici nel 1996. La storia di un moderno martirio, che è un inno alla vita e alla speranza, quella della convivenza in pace tra religioni diverse. Ed è una storia di amore per Cristo e per il prossimo, di coraggio cosciente che non annulla la paura, di responsabilità nei confronti di quanti non possono fare a meno di noi.

La vicenda dei monaci di Tibhirine è raccontata nel libro *Più forti dell'odio* di Frère Christian de Chergé.

Titolo originale: *Des hommes et des dieux*

Genere: Drammatico

Regia: Xavier Beauvois

Interpreti principali: Lambert Wilson, Michael Lonsdale, Olivier Rabourdin, Philippe Laudenbach, Jacques Herlin, Loïc Pichon

Origine: Francia, 2010

Durata: 120 minuti

1

ORA...

Tra le montagne algerine del Maghreb, una piccola comunità di monaci benedettini diventa sostegno della comunità locale. I monaci offrono assistenza medica, specialmente a donne e bambini; condividono dubbi, speranze e timori; sono persino invitati alle feste religiose islamiche, senza che la differenza di culto costituisca un problema. Si sentono tutti figli di Dio.

2

... ET LABORA

E naturalmente oltre a pregare lavorano: vivono proprio dei frutti della loro attività di contadini, che vendono anche al vicino mercato. La situazione, però, da un po' di tempo non è più così idilliaca. I rivoluzionari islamici hanno intensificato la loro azione contro il potere statale e da pochi giorni hanno ucciso un gruppo di operai cristiani in un cantiere. La polizia locale offre protezione armata ai monaci, ma essi rifiutano.

3

I TERRORISTI

La notte di Natale un gruppo armato fa irruzione nel convento, chiedendo assistenza medica per due terroristi feriti; ma le medicine sono poche e devono servire soprattutto per curare i bambini. Il priore affronta con mitezza, ma anche con decisione, il capo dei guerriglieri: lo impressiona con le citazioni del Corano e si guadagna il suo rispetto, tanto da convincerli ad andarsene.

4

LE DISCUSSIONI

La paura prende a serpeggiare tra i religiosi. Alcuni vorrebbero addirittura tornare in Francia, come li invita a fare un commissario locale. Passeranno dei mesi, in cui ognuno confesserà i suoi stati d'animo, farà i conti con le proprie ansie. Alla fine, però, decideranno tutti di restare, confermando la loro missione in Cristo, sollecitati anche in tale decisione dagli abitanti del villaggio, che da essi si sentono protetti.

5

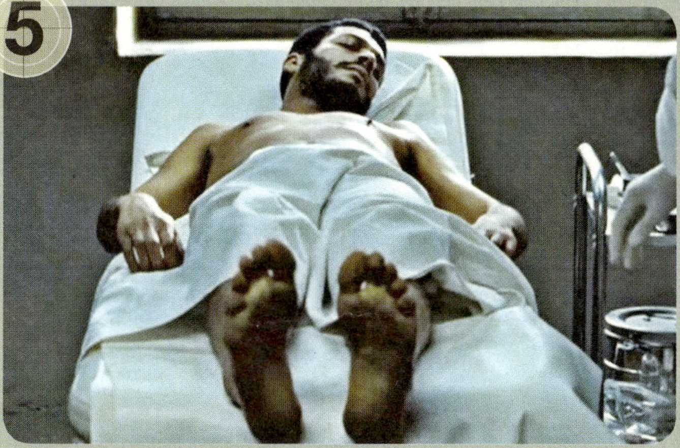

IL FERITO

Un'altra notte i guerriglieri giungono con un loro uomo ferito. I monaci non indugiano a prestargli le cure necessarie. Tuttavia la diffidenza dei terroristi nei confronti dei monaci non viene meno, specialmente quando il priore è chiamato dalla polizia a riconoscere il cadavere del capo dei guerriglieri che avevano fatto irruzione in convento la notte di Natale.

6

L'ESERCITO

Anche l'esercito governativo sospetta i monaci di fiancheggiare i terroristi. Così i soldati fanno irruzioni e perquisizioni nella comunità benedettina, alla ricerca di ribelli islamici. Ma i monaci non cedono ai soldati: il loro dovere è prestare assistenza medica a chiunque ne abbia bisogno, indipendentemente dalla religione e dalla posizione politica. I benedettini sono così ora presi tra due fuochi: da un lato i guerriglieri, dall'altro l'esercito.

7

IL MARTIRIO

Nella notte del 26 marzo 1996 sette monaci vengono rapiti. Li vediamo procedere in fila in mezzo alla neve. I loro corpi non verranno mai trovati. Solo le loro teste mozzate avranno sepoltura nel cimitero del monastero. I giorni di prigionia e la loro morte sono ancora oggi sconosciuti. Chiara e forte è, invece, la loro testimonianza di fedeltà alla vita e alla propria vocazione.

3 Il monachesimo benedettino

IL MONACHESIMO IN OCCIDENTE

In Occidente il ruolo fondamentale del monachesimo fu quello di **tentare una riforma della Chiesa**, la cui vita sempre più si allontanava dagli ideali di povertà che l'avevano animata alle origini. La Chiesa, infatti, era divenuta **sempre più potente**, non solo **dal punto di vista religioso**, ma anche **politico** e soprattutto **economico**.
Grazie al fenomeno delle donazioni di territori, di cui veniva beneficiata dai laici, che in cambio chiedevano protezione religiosa e politica, la Chiesa possedeva un **cospicuo patrimonio** che era alla base del suo **potere temporale**.
In **Italia** l'esperienza di fede del monachesimo avvenne per iniziativa del vescovo **Eusebio**, che fondò un monastero a Vercelli, e raggiunse la sua massima espressione con san Benedetto, il quale delineò un modo nuovo di vivere la scelta di Dio attraverso il monachesimo, basato su tre princìpi fondamentali. Il primo è la **stabilità del luogo**: chi sceglie di entrare nella comunità monastica deve vivervi stabilmente nel lavoro e nella vita fraterna. Il secondo è l'**orario**: il tempo come dono di Dio non va sprecato e pertanto ogni momento del giorno e della notte è scandito da mansioni precise (preghiera, lettura della Bibbia, lavoro, riposo). Il terzo, infine, è l'**assoluta uguaglianza per tutti nei diritti e nei doveri**, in un clima di concordia e di rispetto reciproci.

Potere temporale
È il potere che si riferisce alla vita terrena, in contrapposizione al potere che si esercita nella sfera spirituale.

LA REGOLA BENEDETTINA

Fondamentale per la vita quotidiana dei monaci fu la **Regola**, che nelle sue norme riassumeva lo spirito della riforma benedettina. Essa è composta da un prologo e da 73 capitoli, in cui centrale è la formula *ora et labora*, "prega e lavora": la vita dei monaci deve fondarsi sulla **preghiera** e sul **lavoro** "affinché tutto sia glorificato in Dio".
L'importanza attribuita al **lavoro manuale** rappresentò una novità assoluta per l'epoca: la mentalità dell'aristocrazia imperiale romana, infatti, lo giudicava degradante rispetto alle attività intellettuali; Benedetto, invece, lo riabilitò come **mezzo di avvicinamento a Dio**, attribuendogli la stessa importanza della vita contemplativa.
Un altro aspetto fondamentale della Regola consiste nell'aver sancito in modo inequivocabile l'**autorità dell'abate**. A lui spettavano la gestione equilibrata delle risorse e l'assegnazione dei compiti e delle mansioni di ciascuno, in modo commisurato alle capacità individuali.
Ogni monaco doveva essere umile e obbediente, non era permessa alcuna forma di proprietà personale e vigeva la regola del **silenzio**.
Grazie al lavoro dei monaci, i **monasteri** e le abbazie benedettine divennero importanti **luoghi di produzione economica** (agricola e artigianale) e **culturale del Medioevo**: molti monaci possedevano già una discreta istruzione; altri studiavano in monastero, che spesso aveva una scuola di alto livello per i novizi. I monasteri benedettini ebbero anche un ruolo fondamentale nella **salvaguardia della cultura classica**: i monaci amanuensi ricopiavano gli antichi testi greci e latini, molti dei quali sono giunti fino a noi proprio grazie a questo paziente lavoro di trascrizione.

RISORSE DIGITALI
ANIMAZIONE
- Azione o contemplazione?

LEGGIAMO LE FONTI
- La Regola
- La Croce, il libro, l'aratro

approfondiamo...

San Benedetto da Norcia

Benedetto, nato da una famiglia agiata di Norcia (Perugia) intorno al 480, studiò a Roma, dove abitò fino ai vent'anni. Poi si ritirò ad Affile (Roma) dove vivevano alcuni asceti e successivamente a Subiaco (Roma). Dopo l'esperienza da eremita, durata circa tre anni, venne chiamato a sostituire il capo di una comunità di monaci. Troppo rigido e severo nel rispetto della vita monastica, scampò a un tentativo di avvelenamento e riprese l'esperienza eremitica. Da lui si recarono altri monaci per condividere la sua esperienza di vita e porsi sotto la sua guida. Benedetto, dopo una serie di difficoltà, fondò la comunità di Montecassino, nel 529, che divenne poi la casa-madre e il modello di centinaia di monasteri sparsi in tutta Europa. Benedetto stabilì una severa Regola che influenzò tutte le successive fondazioni monastiche sviluppatesi in Occidente. Morì nel 547.

SEGUE

Magister Conxolus, *San Benedetto da Norcia*, XIV secolo; Subiaco, Chiesa inferiore del Sacro Speco.

leggiamo le fonti

La scelta di Dio come unica cosa necessaria

Tra le ceneri dell'impero romano, Benedetto, cercando prima di tutto il Regno di Dio, gettò, forse senza neppure rendersene conto, il seme di una nuova civiltà, che si sarebbe sviluppata integrando i valori cristiani con l'eredità classica, da una parte, e le culture germanica e slava, dall'altra. [...] Benedetto non fondò un'istituzione monastica finalizzata principalmente all'evangelizzazione dei popoli barbari, come altri grandi monaci missionari dell'epoca, ma indicò ai suoi seguaci come scopo fondamentale, anzi unico, dell'esistenza la ricerca di Dio: "*Quaerere Deum*". Egli sapeva, però, che quando il credente entra in relazione profonda con Dio, non può accontentarsi di vivere in modo mediocre all'insegna di un'etica minimalistica e di una religiosità superficiale. Si comprende, in questa luce, allora meglio l'espressione che Benedetto trasse da san Cipriano e che sintetizza nella sua Regola (IV, 21) il programma di vita dei monaci: "*Nihil amori Christi praeponere*", "Niente anteporre all'amore di Cristo". In questo consiste la santità, proposta valida per ogni cristiano e diventata una vera urgenza pastorale in questa nostra epoca in cui si avverte il bisogno di ancorare la vita e la storia a saldi riferimenti spirituali.

Benedetto XVI, *Angelus*, 10 luglio 2005

Antonio Bazzi detto il Sodoma, *San Benedetto pregato dai monaci produce l'acqua della cima dei monti*, 1505; Siena, Abbazia di Monte Oliveto.

approfondiamo...

L'abbazia benedettina

L'abbazia benedettina (retta da un abate e dotata di una maggiore autonomia rispetto al monastero) era costruita spesso in posizioni elevate, facili da difendere in caso di scorrerie e di guerre, ed era completamente circondata da mura. La costruzione dell'edificio era funzionale alla vita secondo la Regola di Benedetto, articolando gli spazi per ospitare la preghiera e il lavoro, manuale o culturale, e anche per la cura e l'accoglienza dei pellegrini. I monaci coltivavano la terra, a volte con l'aiuto di braccianti, producendo ciò che serviva per la sopravvivenza e conservandolo in appositi magazzini. Alle stalle era annesso il caseificio per la lavorazione del latte. Perciò l'abbazia era una comunità autosufficiente.

Il refettorio e la sala capitolare

I monaci mangiavano in comune in assoluto silenzio, ascoltando la lettura di passi della Bibbia. Nella sala capitolare meditavano sulla Regola e discutevano i problemi della comunità.

La foresteria

In essa si accoglievano i viandanti, i pellegrini e i personaggi di riguardo. Con l'ospitalità, l'abbazia svolgeva un'importante funzione sociale e culturale.

La biblioteca e lo *scriptorium*

Nella biblioteca erano custoditi molti libri, che venivano trascritti a mano in varie copie dai monaci amanuensi, e successivamente miniati in un locale adiacente, lo *scriptorium* (vedi pp. 66-67).

I dormitori

In essi erano ospitate le celle dei monaci, nelle quali ciascuno di essi riposava, pregava e, a volte, continuava il lavoro di copiatura dei libri.

Il chiostro

Gli edifici principali erano riuniti intorno al chiostro, un cortile interno circondato da portici, sotto i quali i monaci passeggiavano in preghiera o in meditazione.

La chiesa abbaziale

Era il centro della vita religiosa dell'abbazia. Spesso il portone era ornato da battenti che riproducevano scene bibliche ed era preceduto da un portico.

approfondiamo...

I monaci amanuensi nello *scriptorium*

Il libro era un prodotto prezioso, frutto di molti giorni di lavoro duro e ininterrotto. Per quasi sei secoli, dal VI al XII secolo, all'interno delle istituzioni monastiche furono i monaci a occuparsi della trascrizione lenta e minuziosa dei testi dell'antichità, dei classici latini soprattutto, delle Sacre Scritture e dei codici della liturgia. Il luogo in cui questo lavoro veniva compiuto era lo *scriptorium*, una parte del monastero situata vicino alla biblioteca (vedi pp. 64-65), in cui erano collocati banchi di legno costruiti apposta per la scrittura a mano. L'elemento più importante era il leggio inclinato, sul quale veniva poggiata la pergamena in modo che la penna potesse restare perpendicolare al foglio e facilitare la posizione dell'amanuense, che stava curvo e al freddo per molte ore di seguito: copiare un libro, infatti, era un'operazione che metteva a dura prova la resistenza fisica dei monaci. Ogni libro, e non solo per le parti miniate, era un oggetto raro e di grande valore.

L'amanuense

"Carissimo lettore, prendi il libro soltanto dopo esserti ben lavato le mani, gira i fogli con delicatezza, tieni lontano il dito dalla scrittura per non sciuparlo. Chi non sa scrivere, crede che non occorra alcuna fatica. E invece come è penosa l'arte dello scrivere: affatica gli occhi, spezza la schiena; tutte le membra fanno male! Tre dita scrivono, ma è l'intero corpo che soffre!" (da una nota scritta da un monaco amanuense a margine di un manoscritto dell'VIII secolo).

Penne e calami

I calamai dove veniva tenuto l'inchiostro, solitamente in due colori diversi, uno tendente al blu e l'altro rosso, erano posizionati in appositi fori sul banco. Per scrivere l'oggetto più usato era la penna d'oca, cui veniva tolto il vessillo per rendere più facile tenerla tra le dita. Altrimenti si usava una cannuccia cava di legno, detta calamo. Entrambe venivano temperate con un coltellino, in modo tale da mantenere la punta sempre aguzza.

L'evangelista Matteo raffigurato con gli strumenti di scrittura, miniatura, XVI secolo; Vienna, Biblioteca Nazionale Austriaca.

La pergamena

Era ricavata dalla lavorazione della pelle di bue, tirata al punto da ottenere un foglio sottile e resistente, che veniva sovrapposto ad altri e legato insieme in piccoli fascicoli fino a formare un codice. La pergamena aveva sostituito il papiro, che era ottenuto dalle foglie della pianta del papiro e per questo aveva una durata minore, non più di due secoli.

Il raschietto

Per cancellare gli errori si usava il raschietto, che grattava via dalla pergamena l'inchiostro. La pratica di raschiare le parole scritte era usata anche per riciclare le pergamene per un secondo utilizzo. In quel caso si parla di palinsesto, ovvero di un foglio di pergamena usato una seconda volta (da *pálin*, in greco "di nuovo").

Un monaco nello *scriptorium*, al suo banco di lavoro, con la penna e il raschietto per levigare la pergamena; Cambridge, Trinity College.

4 Il rinnovamento della Chiesa

POTERE TEMPORALE E POTERE SPIRITUALE

L'unificazione spirituale e culturale dell'Europa trovò la sua massima espressione politica nel **Sacro Romano Impero**, proclamato con l'incoronazione di **Carlo Magno** avvenuta nella notte di Natale dell'anno 800 da parte di papa Leone III. L'Impero, nelle intenzioni della Chiesa, doveva essere garanzia dell'**unità politica e spirituale dell'Occidente cristiano**.

In realtà il rapporto tra la Chiesa e l'Impero fu difficile per tutto il Medioevo. Malgrado la Chiesa fosse rappresentante del **potere spirituale** e l'Impero di quello **temporale** (cioè quello che si riferisce alla vita terrena), entrambe le istituzioni cercarono di ampliare la propria sfera di influenza.

Con la **divisione del Sacro Romano Impero**, dopo la morte di Carlo Magno (814), i poteri pubblici e le responsabilità civili affidate ai **vescovi** li portarono lontano dal loro ruolo di pastori e di evangelizzatori, favorendo **scandali e corruzione**. La **Chiesa** si configurò sempre più come un'**istituzione terrena**, venendo meno ai suoi doveri spirituali, e questo determinò una situazione di **crisi e decadenza**.

LA RIFORMA GREGORIANA

La situazione determinò **una forte esigenza di rinnovamento**, sia all'interno della Chiesa sia al di fuori di essa, che si manifestò compiutamente nel X secolo con la **riforma "gregoriana"**, dal nome del suo promotore, papa **Gregorio VII**, il quale, ritenendosi investito di una missione divina, si impegnò per sottrarre la Chiesa al controllo imperiale di Enrico IV, ed enunciò i suoi convincimenti nel *Dictatus Papae*. Iniziò così una reazione decisa contro l'investitura ecclesiastica conferita da potenti laici, nota come **lotta per le investiture**. Venne anche fortemente osteggiata la **simonia** (vedi p. 21), ovvero la compravendita di beni spirituali, fra cui le cariche ecclesiastiche, che spesso aveva fatto sì che a esse accedessero individui inadatti.

RISORSE DIGITALI

APPROFONDIAMO...

- Scuole e monasteri
- L'importanza spirituale e politica di Cluny
- Bernardo di Chiaravalle
- San Bruno e i certosini: gli ordini monastici

LA RIFORMA MONASTICA

A partire dal X secolo furono fondati **nuovi ordini monastici**, che contribuirono al **rinnovamento della vita cristiana**, all'evangelizzazione e alla **catechesi**. Il movimento più importante fu quello legato all'**abbazia** di **Cluny**. Nell'XI secolo nacquero gli ordini dei **certosini**, dei **camaldolesi**, dei **vallombrosani** e dei **cistercensi**, che prendono il nome dal monastero di Cîteaux, fondato nel 1098. A **Bernardo di Chiaravalle** (Clairvaux) fu poi affidato l'incarico di capeggiare una nuova fondazione. Il **modello cistercense** assunse così una portata europea e volle essere una testimonianza di povertà e di operosità secondo la Regola benedettina, ma riducendo il tempo delle attività intellettuali e dei riti per curare maggiormente il lavoro e la pratica della povertà.

Catechesi
Dal greco *katéchesis*, "istruzione", indica l'insegnamento delle dottrine cristiane fondamentali.

Abbazia
Dal latino *abbatia*, che a sua volta deriva dall'aramaico *abbà*, "padre", indica il complesso edilizio nel quale vive una comunità di religiosi retti da un abate o da una badessa.

approfondiamo...

Il *Dictatus Papae* e lo scontro con l'imperatore

Nel 1075 Gregorio VII emanò un decreto, il *Dictatus Papae,* nel quale affermava alcuni importanti principi:

- solo il Papa aveva il diritto di nominare o di destituire i vescovi;
- i vescovi o l'imperatore non potevano deporre il Papa né giudicare le sue affermazioni;
- il Papa poteva per contro deporre l'imperatore e qualsiasi altro potere politico, poiché il suo potere, derivando direttamente da Dio, era superiore a quello dell'imperatore.

L'imperatore Enrico IV non poteva accettare una riforma che colpiva al cuore il suo sistema politico: dichiarò quindi deposto il Papa, il quale replicò scomunicandolo e quindi privandolo di ogni seguito tra il popolo e i nobili. Enrico IV dovette accettare una grossa umiliazione: nel gennaio del 1077, in atteggiamento e abito di penitente, dovette attendere diversi giorni dinanzi al castello di Matilde di Canossa, presso Reggio Emilia, dove era ospitato Gregorio VII, per ottenere il perdono papale.

L'imperatore Enrico IV inginocchiato a Canossa davanti alla contessa Matilde, e, a lato, papa Gregorio VII, miniatura, XII secolo; Città del Vaticano, Biblioteca Apostolica Vaticana.

leggiamo le fonti

Il rinnovamento promosso dai nuovi ordini monastici

Camaldolesi e vallombrosani [...] vissero appieno il risveglio demografico, sociale, economico e politico del loro tempo, lottando aspramente e coraggiosamente contro gli avversari della riforma della Chiesa. [...] L'attività monastica che essi promossero si tradusse in un impulso formidabile nel senso del lavoro e della produzione. Camaldolesi, vallombrosani, certosini, cluniacensi e cistercensi seppero essere all'avanguardia nel rinnovare spiritualità e vita liturgica del loro tempo, ma anche nel promuovere i disboscamenti, le bonifiche, i dissodamenti, la produzione agricola e zootecnica. Tutto ciò costituisce una prova di più di quanto positiva sia stata l'antica tradizione cattolica di accompagnare la vita spirituale intensa all'impegno produttivo e alla crescita del benessere, secondo la vocazione primitiva dell'*Ora et labora* benedettino. Il lavoro è preghiera, è forza spirituale; ma, senza lo spirito, la produzione diventa solo una forza di morte.

F. Cardini, *Camaldoli. Nella foresta dei nuovi monaci*, in "Avvenire", 15 gennaio 2012

La carta mostra la diffusione delle abbazie cistercensi, cluniacensi e benedettine nell'XI secolo.

5 Lo scisma d'Oriente

IL CONTRASTO TRA ORIENTE E OCCIDENTE

Mentre l'impero bizantino manifestava una supremazia economica sull'Europa occidentale, che era gradualmente in declino, dal punto di vista religioso **si aggravò il divario tra l'Oriente e l'Occidente** che già serpeggiava fin dal IV secolo. Problemi di tipo liturgico, incompatibilità tra modelli culturali differenti, scarsa capacità diplomatica dei rappresentanti di ambo le parti, insufficiente conoscenza della lingua greca da parte dei latini e contrasti di tipo politico furono alla base dello **scisma** dell'unità della Chiesa, avvenuto nel **1054** con una reciproca **scomunica**. I protagonisti principali della vicenda furono il patriarca di Costantinopoli Michele Cerulario e il legato pontificio Umberto di Silva Candida.

Scisma
Deriva dal greco *schízein*, "dividere". Si tratta della "rottura" dell'unità con la Chiesa di Roma.

Scomunica
Dal latino *excommunicare* che significa "escludere dalla comunione". La scomunica è la più severa delle pene comminate dalla Chiesa per le colpe considerate più gravi.

L'appiglio teologico che diede luogo alla rottura fu una **complessa questione dottrinale**, detta **questione del *Filioque*** (in latino "e dal Figlio"), in seguito alla quale il patriarca Michele Cerulario ordinò alle chiese e ai monasteri di lingua latina di Costantinopoli di assumere **la lingua greca e il rito greco** (nel quale l'eucaristia viene consacrata con pane fermentato anziché con pane azzimo).
Papa Leone IX inviò una delegazione per chiarire la questione e arrivare a un accomodamento, ma le conseguenze furono deleterie e portarono al **totale allontanamento**. La reciproca scomunica introdusse una catena interminabile di atti ostili tra latini e greci.

RISORSE DIGITALI
LEGGIAMO LE FONTI
- La dichiarazione del papa Benedetto XVI e del patriarca Bartolomeo I

LA SEPARAZIONE DEFINITIVA

Lo scisma non fu immediatamente vissuto come divisione irreparabile, ma solo come un momento di forte attrito tra le due Chiese, in analogia con episodi avvenuti in precedenza. Fu l'evoluzione storica successiva dei rapporti tra Europa latina e impero bizantino, soprattutto all'epoca delle crociate (vedi p. 74), a **trasformare lo scisma in una frattura reale**. Il mancato aiuto dei regni occidentali all'impero bizantino contro i turchi nel XV secolo, con la conseguente conquista turca di Costantinopoli nel 1453, divenne l'ultimo atto della separazione tra le due parti della cristianità: da un lato la **Chiesa cattolica latina** (romana), dall'altro la **Chiesa ortodossa di rito bizantino** nelle sue espressioni locali in corso di sviluppo (greca, slava, romena).

LA RICONCILIAZIONE

L'incontro avvenuto a Roma nel **1965** tra il papa Paolo VI e il patriarca ecumenico di Costantinopoli, Atenagora I, ha favorito un **riavvicinamento tra le due fedi**: in quella sede si è giunti infatti alla reciproca **ritrattazione delle scomuniche** che avevano segnato l'inizio dello scisma.

Papa Paolo VI e il patriarca Atenagora I durante l'incontro del 1965.

approfondiamo...

La questione del *Filioque*

In Occidente nel 587, durante il Concilio di Toledo, la formulazione niceno-costantinopolitana "*Credo nello Spirito Santo che è Signore e dà la vita e procede dal Padre* ***attraverso il*** *Figlio...*" era stata modificata in "*Credo nello Spirito Santo che è Signore e dà la vita e procede dal Padre* ***e dal*** *Figlio...*". La modifica era stata introdotta per contrastare l'eresia ariana, la quale affermava che Cristo non è della stessa sostanza del Padre.
In Oriente la variante venne considerata inaccettabile e, come conseguenza, fu negato il riconoscimento dell'autorità pontificia. La Chiesa orientale, definita da allora "ortodossa", non riconosce infatti il primato del Papa di Roma.

SEGUE

Michele Cerulario accoglie gli inviati di papa Leone IX, miniatura, XI secolo.

leggiamo le fonti

La ritrattazione delle scomuniche

Il papa Paolo VI e il patriarca Atenagora I nel suo Sinodo, certi di esprimere il sentimento comune di giustizia e il sentimento unanime di carità dei loro fedeli, e ricordando il comando del Signore: "*Se dunque tu presenti la tua offerta all'altare e lì ti ricordi che tuo fratello ha qualche cosa contro di te, lascia lì il tuo dono davanti all'altare, va' prima a riconciliarti con il tuo fratello*" (Mt 5,23-24), dichiarano di comune accordo:

- di deplorare le parole offensive, i rimproveri senza fondamento e i gesti condannabili che, da una parte e dall'altra, hanno contrassegnato o accompagnato i tristi avvenimenti di quell'epoca;
- di deplorare anche, e di cancellare dalla memoria e dal seno della Chiesa, le sentenze di scomunica che vi hanno fatto seguito, e il cui ricordo è stato fino ai giorni nostri come un ostacolo al riavvicinamento nella carità, e di condannarle all'oblio;
- di deplorare, infine, i dolorosi precedenti e gli avvenimenti ulteriori che, sotto l'influsso di svariati fattori, tra i quali l'incomprensione e la reciproca diffidenza, hanno alla fine condotto alla rottura effettiva della comunione ecclesiastica.

Dichiarazione comune del papa Paolo VI e del patriarca Atenagora I sulla reciproca abrogazione delle scomuniche perduranti dal 1054, 7 dicembre 1965

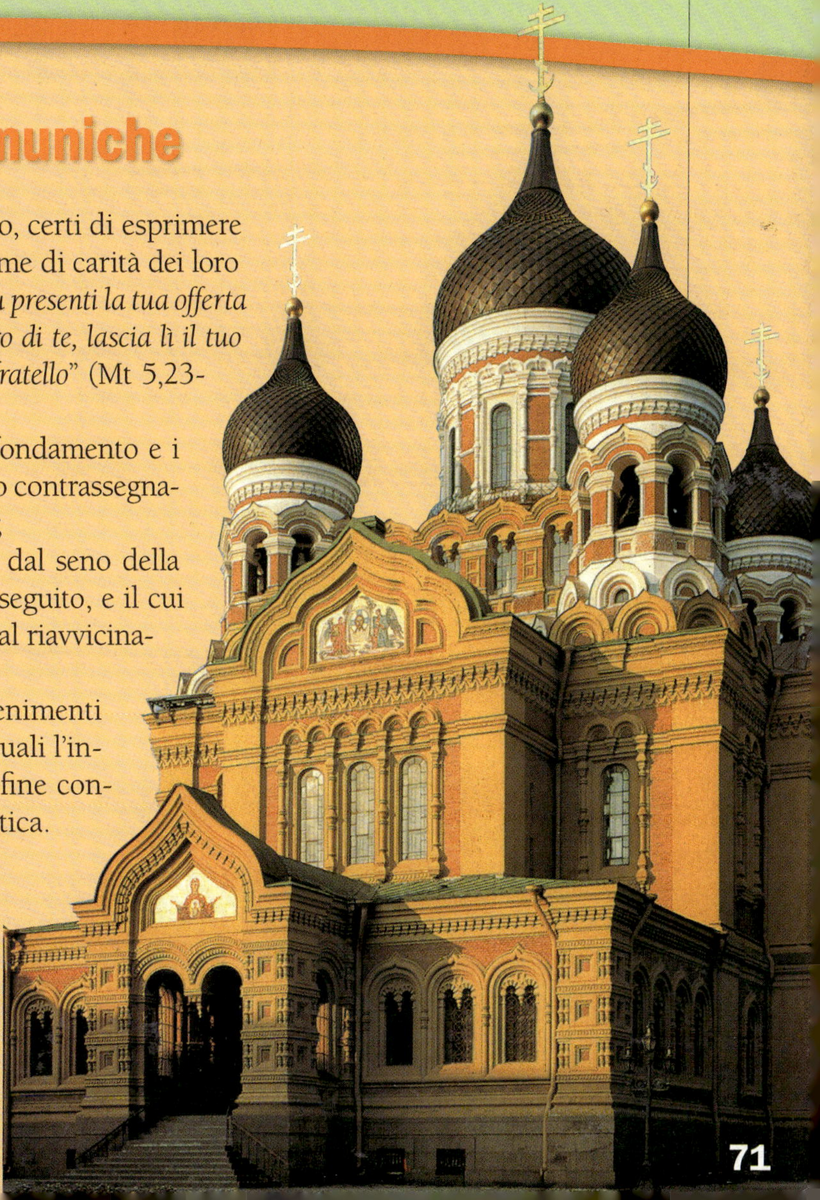

Una chiesa ortodossa a Tallinn, in Estonia.

approfondiamo...

La chiesa ortodossa

L'arte ortodossa si distanzia molto da quella cristiana d'Occidente, perché usa l'architettura e soprattutto la pittura per rappresentare in modo molto specifico la dimensione spirituale. Le chiese perciò vengono spesso definite "palazzi dello spirito". All'interno, la parte che assume la maggiore importanza è quella rappresentata dalla parete centrale, detta *iconostasi*, cioè la parete in cui sono raccolte le icone, le immagini sacre. Al centro dell'iconostasi si apre la sacra porta, quella attraverso la quale il sacerdote passa dalla parte in cui si trova l'altare a quella dove stanno i fedeli. La parete è divisa in fasce sovrapposte in orizzontale in cui le immagini vanno in ordine "cronologico" dall'alto, dove sono collocate figure dell'Antico Testamento, al centro, dove si trovano la figura del Cristo, della Madonna e degli angeli, fino al basso, dove stanno le figure dei santi e dei martiri, che portano la presenza del Cristo nella storia. Le immagini meravigliose, lucenti d'oro, che ricoprono l'iconostasi e le pareti delle chiese ortodosse offrono ai fedeli infiniti spunti di meditazione, perché, come dice la loro liturgia, l'anima prega con la bellezza.

L'impianto generale di una chiesa ortodossa è cubico e contiene una struttura a croce. Al centro, in corrispondenza del punto in cui si incontrano i bracci della croce, si trova la cupola centrale. Talvolta i muri esterni sono completamente spogli, altre volte, invece, sono coperti di affreschi. Spicca inoltre la presenza di molte cupole a cipolla, il cui numero non è mai casuale: ce n'è sempre una al centro che rappresenta il Cristo e ai lati altre quattro (quante gli evangelisti) o dodici (quante gli apostoli). In qualche caso sono tre, quante le Persone della Trinità.

La cattedrale ortodossa dell'Annunciazione (1554) a Mosca.

L'iconostasi della chiesa della Trasfigurazione, 1714; Isola di Kizhi (Russia).

Le icone erano dipinte su tavole di legno con la cornice in rilievo, normalmente in argento o in oro lavorato. Tutto in un'icona ha un valore simbolico molto preciso, sia nella scelta dei materiali, sia in quella dei colori, sia in quella – naturalmente – dei soggetti rappresentati. Spesso l'immagine del santo, o della persona sacra, è posta al centro, e in piccoli riquadri esterni sono collocate in successione le scene che rappresentano gli episodi più significativi della sua vita.

Icona dedicata a san Kirill di Beloozero, che fondò molti monasteri nel Nord della Russia; San Pietroburgo, Museo di Stato Russo.

6 I cristiani in Oriente

I PELLEGRINAGGI E LE CROCIATE

Nei primi decenni del VII secolo era nata a opera di Muhammad (Maometto) la religione islamica. La **diffusione dell'islam** era stata rapida e vastissima: a oriente i **musulmani** avevano conquistato la penisola arabica, la Siria, la Persia; a occidente l'Africa settentrionale e la Spagna. Erano poi stati fermati in Francia.

Musulmano
Il termine traduce l'arabo *muslim* (plurale *musliman*) che significa "seguace dell'islam". *Islam* vuol dire invece "sottomissione" (sottinteso "a Dio").

Tra i numerosi insediamenti caduti sotto il dominio islamico c'era anche **Gerusalemme, città santa** per i cristiani, per i musulmani e per gli ebrei, e meta di molti **pellegrinaggi**. I pellegrini cristiani, religiosi e laici, si recavano nei luoghi santi per pregare, spesso nella convinzione di ottenere la salvezza eterna, oppure per chiedere qualche grazia particolare, per espiare una penitenza, oppure per adempiere a un voto fatto.
I governanti islamici avevano sempre accettato sia la presenza dei pellegrini sia quella dei mercanti europei, che avevano avviato un fiorente commercio. Nell'XI secolo la Palestina e altre terre confinanti erano però state conquistate dai **turchi selgiuchidi**, meno tolleranti dei predecessori, i quali nel 1090, dopo un massacro di pellegrini cristiani, **vietarono l'accesso al Santo Sepolcro**. Per difendere i pellegrini che da tutta Europa si muovevano verso i luoghi santi, soprattutto verso il Santo Sepolcro a Gerusalemme, nel 1096 fu promossa la **prima crociata**. I crociati, infatti, avevano il compito di rendere accessibili quei luoghi ai fedeli cristiani e nello stesso tempo di garantire l'incolumità di coloro che vi si recavano a pregare.

I CROCIATI

Alla prima seguirono **altre crociate** (le principali furono otto) che, con alterne vicende, si svilupparono in un arco di tempo di circa **due secoli**. Vi partecipò gente d'ogni sorta: cavalieri, re e gente del popolo, bambini e poveri.
Le **motivazioni** che inducevano a partire verso l'Oriente erano molto diverse: alcuni erano spinti da una sincera **fede religiosa**; molti signori e principi miravano a **crearsi un feudo** o a espandere il loro territorio; i più poveri speravano di **acquisire le terre tolte ai musulmani**; altri partivano per **sfuggire condanne** in patria e cominciare una vita nuova; altri ancora si muovevano per **spirito d'avventura** e per avere la possibilità di riportare in patria ricchi **bottini**.
Al di là delle motivazioni religiose, le crociate furono occasione di intensi **traffici commerciali**.

GLI ORDINI CAVALLERESCHI

Durante le crociate sorsero **nuovi ordini religiosi**, che ebbero come compito principale la **difesa della cristianità** e la **liberazione dei luoghi santi**.
Erano i cosiddetti **ordini cavallereschi**, i cui membri facevano voto di povertà, castità, obbedienza e protezione degli oppressi e costituivano una difesa armata per i fragili regni cristiani d'oltremare, dipendendo direttamente dal Papa. I principali ordini furono tre: l'**ordine di Malta**, l'**ordine dei templari** e l'**ordine teutonico**.

RISORSE DIGITALI
APPROFONDIAMO...
- La logistica del pluralismo religioso in Gerusalemme
- Il Santo Sepolcro
- I principali ordini cavallereschi

approfondiamo...

Le crociate

Alla fine della prima crociata Gerusalemme fu espugnata e in Palestina sorsero degli Stati feudali controllati dai cristiani: il regno di Gerusalemme, le contee di Edessa e di Tripoli, il principato di Antiochia, i regni di Armenia Minore e di Cipro. Quegli Stati, spesso in reciproca lotta, non tardarono a cadere in mano ai turchi, rendendo quindi necessarie nuove crociate, che però fallirono tutte miseramente.

SEGUE

Cavalieri crociati, miniatura, XIV secolo; Chantilly, Museo Condé.

LE CROCIATE	DATE	EVENTI
I CROCIATA	1096-99	Bandita da Urbano II e guidata da Goffredo di Buglione e altri, liberò i luoghi santi.
II CROCIATA	1147-49	Bandita da Eugenio III e predicata da san Bernardo di Chiaravalle in seguito alla caduta di Edessa, fu guidata da Luigi VII di Francia e dall'imperatore Corrado II. Fallì, non riuscendo neppure ad arrivare in Palestina.
III CROCIATA	1189-92	Bandita da Gregorio VIII e Clemente III, fu guidata dall'imperatore Federico Barbarossa, Riccardo Cuor di Leone re d'Inghilterra e Filippo II Augusto re di Francia. A capo dei musulmani era il grande sultano Saladino. La spedizione fallì.
IV CROCIATA	1202-204	Bandita da Innocenzo III e guidata da Bonifacio di Monferrato e altri, si risolse nell'occupazione dell'impero bizantino, che fino al 1261 fu trasformato in Impero latino d'Oriente.
V CROCIATA	1217-19	Bandita ancora da Innocenzo III e da Onorio III, fu guidata da Andrea II d'Ungheria e da Giovanni di Brienne. Fallì nel suo tentativo di conquistare l'Egitto.
VI CROCIATA	1228-29	Bandita da Gregorio IX, fu guidata dall'imperatore Federico II, che liberò i luoghi santi mediante un trattato di pace con il sultano, ma, a causa delle discordie interne all'Impero latino d'Oriente, i turchi li riconquistarono poco dopo.
VII CROCIATA	1248-54	Bandita da Innocenzo IV e guidata da Luigi IX di Francia, puntò alla riconquista dell'Egitto. Fu l'ennesimo fallimento.
VIII CROCIATA	1267-70	Bandita da Urbano IV e guidata da Luigi IX di Francia, fallì e lo stesso sovrano morì in combattimento.

7 La Chiesa in difficoltà

CONTRO L'INSEGNAMENTO DI CRISTO: LE ERESIE

Il XII e il XIII secolo furono contrassegnati dal diffondersi di **eresie**, ovvero di visioni dottrinali che intendevano rinnovare la Chiesa proponendo **ideali di povertà evangelica**, nate da alcuni predicatori e diffusesi in varie comunità; molte di queste, tuttavia, finirono per **scontrarsi con la Chiesa** stessa. In posizione di disaccordo furono alcuni gruppi, come i fraticelli, gli umiliati, i poveri evangelici, le beghine. Altri gruppi ereticali ebbero origini o posizioni molto vicine a quelle della Chiesa; fu il caso dei **valdesi** o **poveri di Lione**, guidati da **Pietro Valdo**, l'unico gruppo di origini medievali che esiste ancora oggi come Chiesa organizzata. Altri gruppi si allontanarono maggiormente dalle posizioni della Chiesa cattolica, come i **càtari** (o **albigesi**, così chiamati dalla città di Albi in Francia, in cui ebbero larga diffusione).
La Chiesa cattolica prese provvedimenti nei confronti delle eresie: dapprima furono gli stessi vescovi a compiere indagini, poi, nel 1231, Gregorio IX istituì veri e propri **tribunali**, detti **"dell'Inquisizione"**, presieduti da due giudici nominati direttamente dal Papa e superiori all'autorità dei vescovi.

RISORSE DIGITALI

APPROFONDIAMO...
- L'eresia dei càtari
- Santa Caterina

Càtari
Deriva dal greco *katharós*, "puro". I càtari opponevano rigidamente il principio del bene a quello del male, e ritenevano "male" tutto ciò che è legato alla materia.

LA CATTIVITÀ AVIGNONESE

Nel corso del XIII secolo la Chiesa divenne sempre più simile a una **monarchia**. Il **conflitto fra il potere temporale della monarchia e quello del papato** fu inevitabile: al termine di un duro scontro, iniziato nel 1303 fra il re di Francia Filippo il Bello e il papa Bonifacio VIII, **il Pontefice romano cadde sotto la tutela della monarchia francese**.
Nel 1305 fu eletto papa Clemente V, un vescovo francese, che nel 1309 fu obbligato a **trasferire la sede del papato ad Avignone**. Dal 1309 al 1377 Avignone fu la residenza di sette Pontefici. Durante questo periodo, passato alla storia come **"cattività avignonese"**, il Papa rafforzò il suo potere su tutto il clero e favorì lo sviluppo di un apparato amministrativo e finanziario che aveva come scopo quello di raccogliere la maggior quantità possibile di denaro, facendo scandalo in tutta Europa per il lusso.
Nel 1376 Gregorio XI decise di rientrare a Roma, su invito di **Caterina da Siena**, ma dopo pochi mesi morì. I cardinali di Roma elessero Urbano VI, ma quelli francesi si ribellarono ed elessero un altro papa, Clemente VII, che stabilì la sua residenza ad Avignone. Questa divisione fu chiamata **"grande scisma"** e, a causa di essa, per quarant'anni furono elette due serie di Papi. **L'unità della Chiesa fu ristabilita dopo il Concilio di Costanza**, nel 1414, con l'elezione di Martino V.

approfondiamo...

Pietro Valdo

Pietro Valdo da Lione era un ricco mercante che nel 1176 decise di lasciare tutte le sue ricchezze e la famiglia per predicare il Vangelo. Intorno a lui si radunò un gruppo di discepoli. Il tentativo di realizzare un cristianesimo radicale, edificando una Chiesa povera, determinò un rifiuto della sovranità temporale del Papa, che reagì proibendo questa forma di predicazione laica. I seguaci di Valdo furono poi scomunicati ed espulsi da Lione: si organizzarono così in una comunità separata, costituita da una confraternita che si atteneva ai tre voti monastici di povertà, castità e obbedienza. I predicatori venivano istruiti in apposite scuole, in cui si studiavano a memoria i Vangeli e altre parti della Bibbia, che Valdo aveva fatto tradurre nella lingua del popolo. Si discostavano dalla Chiesa cattolica per alcuni aspetti, tra cui il ruolo delle donne (che potevano predicare e officiare), la negazione dell'esistenza del Purgatorio e il rifiuto della venerazione delle reliquie.

Monumento dedicato a Pietro Valdo, 1868; Worms (Germania).

leggiamo le fonti

Le lettere di santa Caterina al Pontefice

Caterina da Siena, protagonista delle vicende della Chiesa medievale, si adoperò anche per il ritorno del Papa a Roma durante la "cattività avignonese". In una lettera, scritta a Gregorio XI nel 1376, chiede il rientro del Pontefice e il suo impegno a operare per la riforma della Chiesa e del clero, implorandolo di uccidere il verme (*vermine*) dell'amor proprio che è in lui.

Al nome di Gesù Cristo crocifisso e di Maria dolce.
A voi, reverendissimo e dilettissimo padre in Cristo Gesù, la vostra indegna, misera, miserabile figliuola Catarina, serva e schiava de' servi di Gesù Cristo, scrive nel prezioso sangue suo [...]. Oh dolce e vero cognoscimento, il quale porti teco il coltello dell'odio e con esso odio distendi la mano del santo desiderio a trarre e uccidere il vermine dell'amore proprio di sé medesimo, il quale è uno vermine che guasta e rode la radice dell'arbore nostro [...] perché colui che ama sé, vive in lui la perversa superbia (la quale è capo e principio d'ogni male) in ogni stato ch'egli è, o prelato o suddito.

SEGUE

Giovanni di Paolo, *Santa Caterina davanti al Papa ad Avignone*, 1460 circa; Madrid, Museo Thyssen-Bornemisza.

8 Gli ordini mendicanti

LA NASCITA DEGLI ORDINI MENDICANTI

La risposta al diffondersi delle eresie e, nel contempo, la mossa che consentì alla Chiesa di prendere nuovo respiro e credibilità, fu la nascita degli **ordini mendicanti**, che sorsero all'inizio del XIII secolo e si ispirarono, oltre che alla **povertà** evangelica, alla **fraternità**, diffondendo la loro **predicazione per le strade**.
La principale novità costituita dagli ordini mendicanti rispetto al monachesimo benedettino (vedi p. 62) fu che all'isolamento, alla preghiera e al lavoro nell'abbazia si sostituì il **"mondo"**, cioè la società, dove i frati avevano il compito di diffondere il messaggio di Cristo e di renderlo concreto attraverso la loro **azione** e il loro **esempio**. Gli ordini mendicanti si impegnavano a vivere di elemosine rinunciando alle proprietà e, nella loro organizzazione, furono liberi rispetto a qualsiasi interferenza dell'autorità vescovile. Le loro idee innovative furono scelte e appoggiate dal Papa.

L'ORDINE DOMENICANO

Nel 1206 nacque l'**ordine dei frati predicatori**, fondato dallo spagnolo **Domenico de Guzmán** con l'obiettivo di dotare la Chiesa di un "corpo militante scelto" che assumesse a modello il povero predicatore apostolico, in grado di opporre all'eresia non solo l'**esempio concreto di una condotta di vita rispondente al dettato evangelico**, ma anche una **solida preparazione culturale e teologica**, che i frati esprimevano in dibattiti pubblici.
Tra i domenicani più illustri possiamo ricordare **Alberto Magno**, che fu il primo esponente dell'ordine a fornire un contributo fondamentale allo sviluppo del pensiero teologico medievale nelle università (prima di Parigi, poi di Colonia), e **Tommaso d'Aquino**, il santo patrono dell'insegnamento cattolico.
Nel 1219 san Domenico fondò anche un **primo ordine femminile** di monache di clausura. Al Terzo Ordine femminile dei Domenicani (le "Mantellate") appartenne **santa Caterina da Siena**, patrona d'Italia insieme a san Francesco.

L'ORDINE FRANCESCANO

L'**ordine dei frati minori**, riconosciuto da papa Innocenzo III nel 1210, fu fondato da **Francesco d'Assisi**, il quale volle che i suoi seguaci evitassero il più possibile ogni contatto con la ricchezza materiale: secondo lo spirito francescano **la vera ricchezza è il Cristo**; il povero evangelico è colui che rinuncia al proprio egoismo per essere totalmente disponibile a compiere la volontà di Dio.
Francesco ai suoi frati diede il nome di "minori", derivandolo dal modo in cui venivano definiti i cittadini più poveri.
Qualche tempo dopo la morte del suo fondatore, anche l'ordine francescano sviluppò un'intensa attività di **predicazione**, collegata allo **studio della teologia**: a studiosi francescani, come **san Bonaventura da Bagnoregio**, vennero affidate le cattedre di teologia nelle università europee.

RISORSE DIGITALI

APPROFONDIAMO...
- Santa Brigida di Svezia
- San Francesco e la Terra Santa
- Angelo Branduardi e le fonti francescane

LEGGIAMO LE FONTI
- Santa Chiara

approfondiamo...

San Domenico e san Francesco

San Domenico

Domenico nacque a Burgos, in Spagna, nel 1170 dalla nobile famiglia de Guzmán. Avviato agli studi ecclesiastici, diventò canonico regolare di Osma. Nel 1203, dopo aver accompagnato il suo vescovo presso la corte danese, assistette al dilagare in Francia dell'eresia catara e decise di unirsi ai legati papali che erano stati inviati per combattere quell'eresia. Si convinse tuttavia che la grande forza della Chiesa consisteva nella predicazione più che nelle armi. Nel 1215 raccolse intorno a sé un gruppo di compagni decisi a diventare predicatori, evangelizzatori e catechisti. Il gruppo si organizzò in comunità religiosa e ottenne l'approvazione pontificia nel 1217, con il compito specifico della predicazione. Domenico morì presso l'Università di Bologna nel 1221.

San Francesco

Francesco, figlio di un ricco mercante, nacque ad Assisi nel 1181. Dopo una giovinezza spensierata, abbandonò il lusso della casa paterna per vivere in povertà, secondo l'insegnamento di Cristo, e predicare il Vangelo con la parola e con l'esempio. Non volle chiudersi in un monastero, bensì visse nelle città in mezzo ai poveri, agli emarginati, ai lebbrosi, curando i malati e consolando gli infelici. L'entusiasmo suscitato dalla sua predicazione e dal suo stile di vita moltiplicò in breve le file dei seguaci di Francesco. Al rientro da un viaggio in Oriente, egli organizzò i suoi frati secondo una regola solennemente approvata da papa Onorio III: la *Regula Bullata*. Nel 1224 ricevette sulle mani, sui piedi e sul costato le stimmate e, pur cieco e malato, compose il *Cantico delle Creature*. Morì alla Porziuncola, la "sua" cappella presso Assisi, in estrema povertà, nel 1226.

Claudio Coello, *San Domenico de Guzmán*, 1683 circa; Madrid, Museo del Prado.

leggiamo le fonti

La vera ricchezza dell'uomo è il Cristo

Metà religioso, metà laico, nelle città in pieno sviluppo, sulle strade e nel ritiro solitario, nella fioritura della civiltà cortese che si intreccia con una nuova pratica della povertà, dell'umiltà e della parola, ai margini della Chiesa ma senza cadere nell'eresia, ribelle senza nichilismo, attivo nella regione più in fermento della cristianità, l'Italia centrale, tra Roma e la solitudine della Verna, Francesco ha giocato un ruolo decisivo nello sviluppo dei nuovi ordini mendicanti diffondendo un apostolato per la nuova società cristiana, ha arricchito la spiritualità cristiana di una dimensione ecologica, al punto di apparire come l'inventore di un sentimento medievale della natura che si esprime nella religione, nella letteratura e nell'arte. Modello di un nuovo tipo di santità così centrata sulla figura di Cristo da identificarvisi al punto da essere il primo uomo a ricevere le stimmate. Francesco è stato uno dei personaggi della storia medievale più incisivi nel suo tempo fino a oggi.

J. Le Goff, *San Francesco d'Assisi*, Laterza, Roma-Bari 2006

Antonio da Crevalcore, *San Francesco orante*, XVI secolo; Princeton, The Art Museum.

leggiamo l'immagine

Le storie di Francesco

GALLERY

La basilica di San Francesco ad Assisi fu iniziata nel 1228 a soli due anni dalla morte di Francesco. Furono costruite due chiese sovrapposte. La basilica inferiore fu eretta per accogliere il corpo del santo e per ricevere i pellegrini che si sarebbero recati a pregare sulla sua tomba. La basilica superiore, invece, non fu pensata per i fedeli ma come luogo per le cerimonie solenni e le riunioni ufficiali dei frati. Nella basilica superiore Giotto, che incominciò a lavorare ad Assisi intorno al 1290, realizzò il ciclo di affreschi che racconta la vita di Francesco, alla realizzazione del quale collaborarono sicuramente molti pittori.

Le scene dedicate a Francesco sono ventotto, divise in tre blocchi. Le prime sette scene raccontano la giovinezza di Francesco fino all'approvazione della Regola; le successive quattordici scene mostrano lo sviluppo dell'ordine con la guida di Francesco fino alla sua morte; le ultime sette scene raffigurano la sepoltura e la canonizzazione di Francesco, compresi i miracoli necessari per il riconoscimento della santità. Sotto ogni scena una scritta descrive l'episodio riportato. Oggi le scritte sono molto deteriorate, ma gli studiosi le hanno ricostruite basandosi su una trascrizione di Bonaventura Marinageli (1911), che a sua volta aveva utilizzato una trascrizione anonima del 1600. Nell'esecuzione dell'opera Giotto ha tenuto conto della biografia di Francesco scritta da Bonaventura da Bagnoregio (nominato ministro generale dell'ordine francescano nel 1258).

1 **La rinuncia ai beni paterni**

Il padre di Francesco tiene gli abiti del figlio sul braccio sinistro, mentre con la mano destra sembra voler colpire il figlio, che gli ha restituito pubblicamente ogni bene. Un gran vuoto separa il padre da Francesco, che è coperto dal mantello del vescovo Guido I. Le sue mani sono giunte in preghiera e il suo sguardo è rivolto verso la mano di Dio, che dall'alto approva: da questo momento padre di Francesco sarà solo il Padre che sta nei cieli.

2 **La predica agli uccelli**

Francesco predica agli uccelli che scendono da una quercia per ascoltarlo, mentre un frate assiste con la mano alzata in segno di testimonianza. Le diverse specie di uccelli rappresentano gli strati più poveri della società. Parlando agli uccelli Francesco si rivolge agli umili, ai diseredati e anche ai frati che hanno scelto di vivere in povertà per raccomandare la fiducia nella Provvidenza divina.

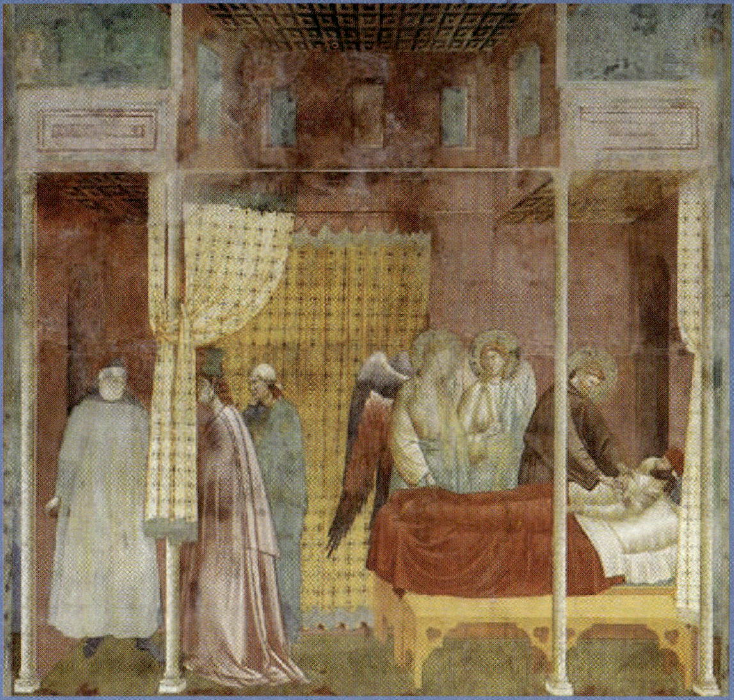

3

Francesco riceve le stimmate sulla Verna

Francesco è sul monte della Verna quando gli appare un serafino (i serafini sono gli angeli più vicini a Dio) con le sembianze di Cristo. Raggi ben visibili collegano specularmente mani, piedi e costato di Cristo con quelli di Francesco. Il saio di Francesco è aperto per mostrare la ferita. In compagnia di Francesco c'è frate Leone, che assiste al miracolo e può testimoniarne l'autenticità.

4

La guarigione di Giovanni Lerida

La scena presenta un miracolo che Francesco, dopo la morte, compie in Spagna. Il cavaliere Giovanni di Lerida giace nel letto, ferito a morte, mentre il medico (sulla sinistra) guarda i familiari con aria desolata. Francesco appare al cavaliere con due angeli che portano un unguento celeste; con le mani, sulle quali sono visibili le stimmate, tocca le ferite del cavaliere, che scompaiono. Dove la medicina umana fallisce, riesce quella divina.

approfondiamo...

Il fiorire dei pellegrinaggi nel Medioevo

Leggiamo nel Vangelo di Luca: "*I suoi genitori si recavano ogni anno a Gerusalemme per la festa di Pasqua. Quando egli ebbe dodici anni, vi salirono secondo la consuetudine della festa. Ma, trascorsi i giorni, mentre riprendevano la via del ritorno, il fanciullo Gesù rimase a Gerusalemme, senza che i genitori se ne accorgessero. Credendo che egli fosse nella comitiva, fecero una giornata di viaggio e poi si misero a cercarlo tra i parenti e i conoscenti; non avendolo trovato, tornarono in cerca di lui a Gerusalemme*" (Lc 2,41-45). Questo passo del Vangelo, che si conclude con Giuseppe e Maria che ritrovano Gesù dodicenne mentre disputa di teologia con i dottori del Tempio, dimostra come la tradizione del pellegrinaggio nella cultura giudaico-cristiana sia molto antica. Stava molto a cuore a tutti gli ebrei sparsi nel bacino del Mediterraneo, nel Vicino e Medio Oriente, tornare ogni anno a Gerusalemme per celebrarvi la più importante delle feste ebraiche, la Pasqua, con parenti e amici. Il tema del viaggio è d'altronde profondamente connaturato nella cultura giudaico-cristiana; la letteratura medievale proponeva ai pellegrini l'esempio di molti personaggi biblici: Adamo, che dovette lasciare il Paradiso terrestre; Abramo, Isacco, Giacobbe, che non avevano una fissa dimora; Giuseppe, che fu venduto in terra straniera; lo stesso popolo di Israele, che peregrinò nel deserto; i Magi, in viaggio verso il neonato Messia; Gesù stesso e gli apostoli, in cammino attraverso la Palestina.

Cristo, rappresentato con gli attributi del pellegrino, in cammino con i discepoli, XII secolo; Monastero di Santo Domingo di Silos.

I primi secoli del cristianesimo

Nei primi secoli il cristianesimo si era diffuso attraverso tutto l'impero romano, dall'Inghilterra alla Mesopotamia, dalla costa atlantica fino in India. I pellegrini dei primi secoli, pertanto, potevano raggiungere le loro mete all'interno di un universo religioso omogeneo, in cui (oltre a essere possibile comprendersi per via del fatto che le lingue locali erano modificazioni del latino) riti, preghiere, architetture religiose, pitture che illustravano gli episodi della vita sacra, canti, paramenti liturgici, gesti dei sacerdoti erano riconoscibili praticamente da tutti in ogni luogo. Inoltre uno dei grandi ideali che favorì i pellegrini fu il comandamento che imponeva di riconoscere nel viandante lo stesso Gesù, e di aiutare i bisognosi, così come aveva fatto il buon samaritano. Tuttavia all'inizio del Medioevo i pellegrini erano ancora relativamente pochi, poiché la dissoluzione dell'impero romano aveva lasciato cadere in rovina larghi tratti della rete viaria imperiale, aveva reso molti distretti deserti o insicuri, e non esistevano ancora luoghi attrezzati appositamente per dare ospitalità alle folle in pellegrinaggio.

I pellegrinaggi dopo il Mille

A partire dal Basso Medioevo, dopo il Mille, in Europa la rinascita economica, mercantile, demografica, urbana rese molto più sicure le vie di comunicazione e quindi molto più facili gli spostamenti, compresi quelli dei pellegrini. Questi, nei primi secoli del Medioevo potevano ricevere ospitalità soltanto in monasteri, ospizi e xenodochi (sorta di case di accoglienza per i forestieri che sopravvivevano come istituzione sorta nell'antichità). Si trattava di ospitalità gratuita, e solo dopo il volgere del I millennio, con l'intensificarsi dei traffici mercantili, sorsero locande e alberghi dove pernottare e rifocillarsi a pagamento.

L'ospitalità ai pellegrini

In prima linea nell'accoglienza dei pellegrini erano i monasteri benedettini, dove vigeva la Regola 53 stilata dallo stesso san Benedetto: "Tutti gli ospiti che sopraggiungono siano ricevuti come Cristo, perché egli dirà: 'Fui ospite e mi accoglieste'; e a tutti si renda il conveniente onore, specialmente poi a quanti ci sono familiari secondo la fede, e ai pellegrini...". Un aiuto ai pellegrini giungeva anche dalle confraternite di pellegrinaggio, compagnie di persone pie che si occupavano di assisterli mentre erano ancora nei loro luoghi di partenza, poi in quelli che attraversavano durante il viaggio e infine nei santuari di arrivo.

Un gruppo di pellegrini rappresentati da Giovanni Della Robbia, XV secolo; Pistoia, Ospedale del Ceppo.

I pellegrini venivano accolti nei monasteri e rifocillati. L'accoglienza (ne vediamo un esempio in questo affresco del XIII secolo) era considerata un'opera di misericordia.

Le guide per il viaggio

I pellegrini del Basso Medioevo poterono disporre di due strumenti importanti per orientarsi nel viaggio: le prime carte geografiche a stampa su matrici di legno, le xilografie (mentre prima, per valutare le distanze e le direzioni, dovevano affidarsi alle informazioni tratte dagli abitanti delle diverse contrade, o ai racconti di viaggio di altri pellegrini), nonché vere e proprie guide (particolarmente famose erano la guida del pellegrino per Santiago de Compostela e quella per Vézelay), che indicavano le vie più agevoli per una certa meta e i pericoli da evitare. Inoltre nello stesso periodo il numero dei pellegrini crebbe anche per l'aumentata sicurezza dei viaggi per mare.

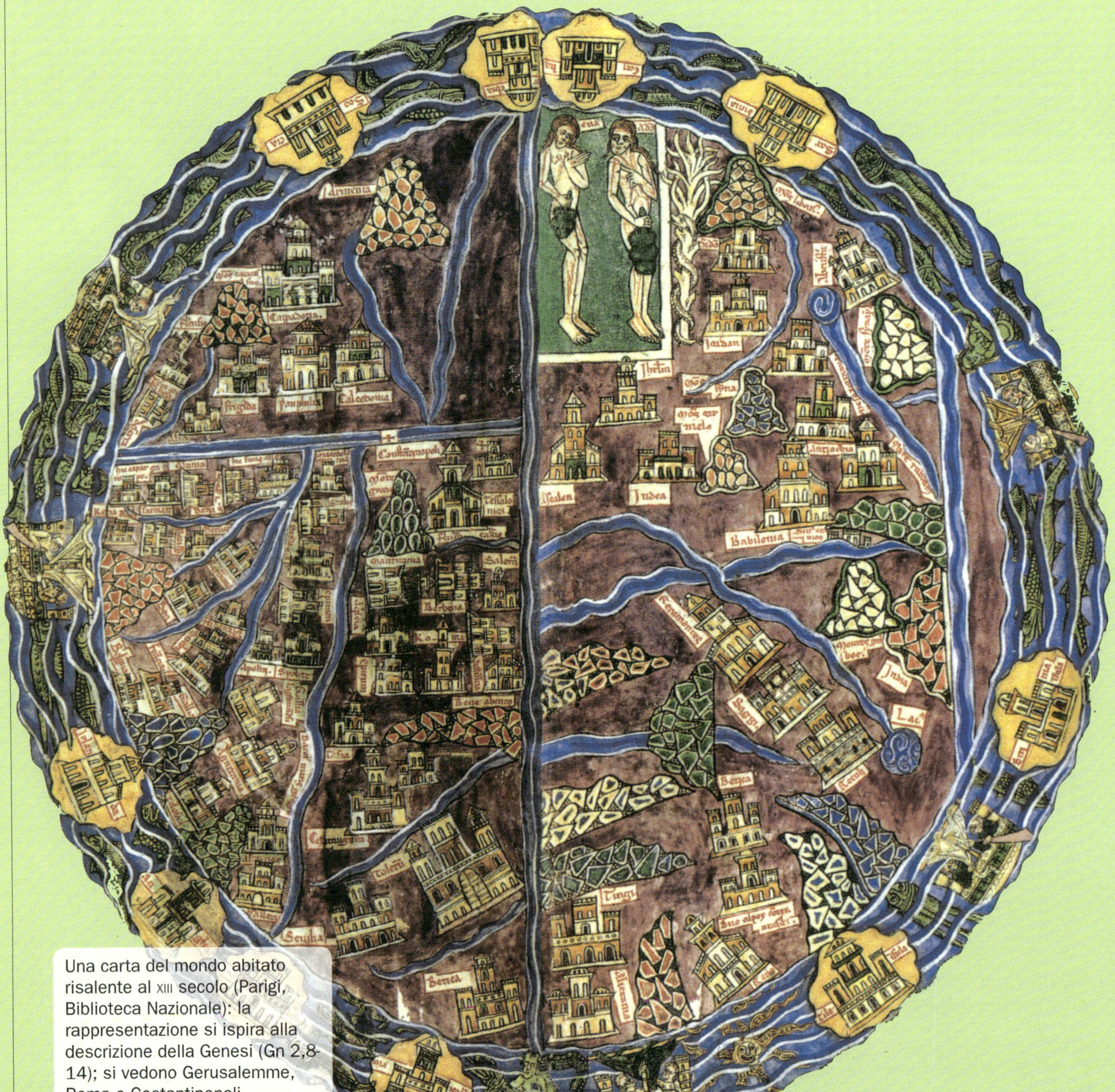

Una carta del mondo abitato risalente al XIII secolo (Parigi, Biblioteca Nazionale): la rappresentazione si ispira alla descrizione della Genesi (Gn 2,8-14); si vedono Gerusalemme, Roma e Costantinopoli.

Le mete principali

Tutto questo ebbe notevoli influenze anche nell'allargamento delle mete di viaggio, che vennero sempre di più a comprendere destinazioni fuori dall'Europa, a cominciare dalla Terra Santa, per la quale ora ci si poteva imbarcare direttamente da Venezia, senza dover raggiungere via terra il porto di Bari. La Palestina e Gerusalemme furono considerate sante dai cristiani fin dal tempo della Chiesa delle origini, in ragione del fatto che avevano visto la nascita, la passione e la morte di Gesù. I pellegrini poterono visitare con tranquillità la Terra Santa a partire dal periodo in cui i crociati vi detennero il potere politico e militare. Prima la meta più importante facilmente raggiungibile era Roma, ambita sia perché vi riposavano i principi degli apostoli e numerosi martiri, sia perché sede del papato. Subito dopo, altra meta molto importante di pellegrinaggio era Santiago de Compostela, dove era venerato Giacomo maggiore, che, secondo la tradizione, era stato il primo apostolo a subire il martirio. Il suo corpo era giunto in modo miracoloso nella parte nordoccidentale della penisola iberica, dove, dal Mille, iniziò a confluire un numero crescente di pellegrini da tutta Europa. A Santiago si celebrava un anno santo ogni volta che la festa dell'apostolo (25 luglio) cadeva di domenica.

San Giacomo a cavallo con due pellegrini; Parma, Biblioteca Palatina.

Vie di pellegrinaggio nel Medioevo.

Le mete minori

Mete di pellegrinaggio meno importanti erano sparse però per tutta l'Europa, in particolare le mete di venerazione della Vergine Maria, come Chartres, Loreto, Montserrat, Czestochowa, Walsingham. In Germania ebbero particolare fortuna Aquisgrana ed Einsiedeln, dove, secondo la leggenda, nel 948 Gesù stesso, assistito dagli angeli, avrebbe consacrato una cappella; a Colonia si veneravano invece i Re Magi. Ma numerosi santi avevano luoghi di particolare venerazione in tutta l'Europa.

Il culto delle reliquie

L'altare di ogni chiesa doveva custodire la reliquia di un santo: quando avveniva una guarigione attribuita al suo intervento, il santuario a lui dedicato acquistava fama, e a quel santo giungevano a rivolgere le loro preghiere pellegrini dai luoghi più disparati.

Pellegrini chini sul Santo Sepolcro, XIII secolo; Firenze, Biblioteca Medicea Laurenziana.

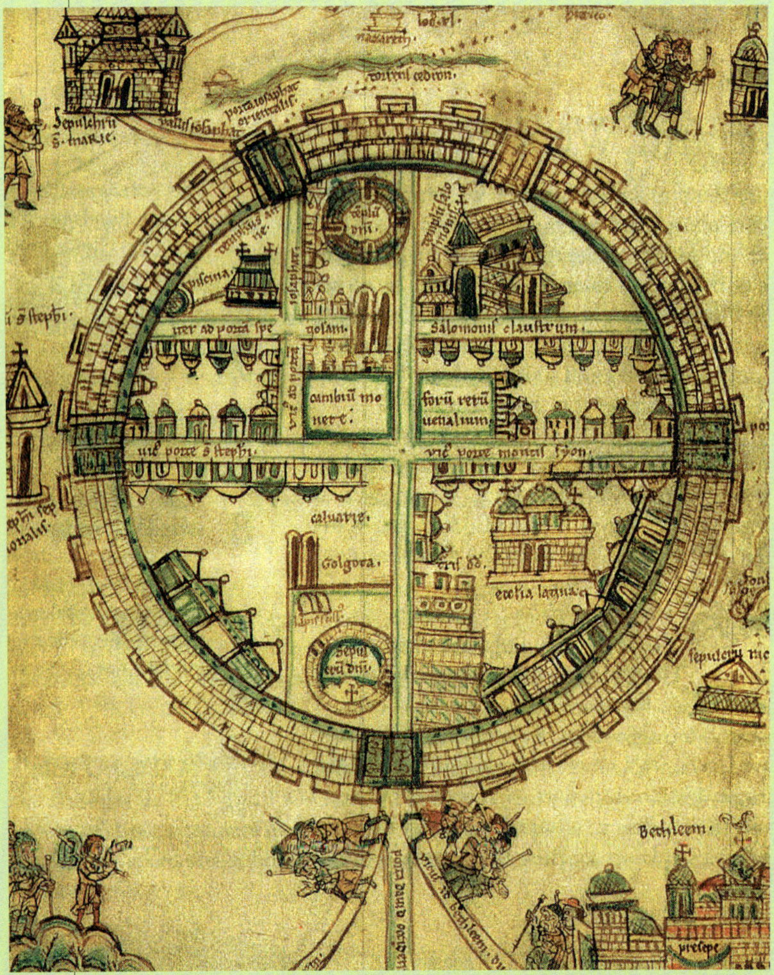

Gerusalemme in una pianta del XIII secolo; Bruxelles, Bibliothèque Royale Albert.

I pellegrini che ritenevano di essere stati anch'essi miracolati dal santo facevano mettere a verbale, alla presenza di testimoni, l'evento prodigioso di cui erano stati oggetto, e la relazione veniva a incrementare la raccolta dei miracoli compiuti da quel santo, accrescendone ulteriormente la fama. Talvolta lo stesso clero di un santuario portava, come diremmo oggi, "in tournée" le reliquie del proprio santo per fargli pubblicità. Così in Francia, ad esempio, erano particolarmente venerati santa Maria Maddalena a Vézelay, santa Fede a Conques, san Martino a Tours; in Germania, sant'Annone a Siegburg e sant'Elisabetta a Marburg. Altri santi molto venerati in Europa era san Cristoforo, santa Felicita, sant'Orsola. I pellegrini, quando si recavano a Roma o a Santiago, nel corso dell'andata e del ritorno compivano devia-

zioni in modo da visitare anche i luoghi dedicati a questi santi minori, così da ottenere l'intercessione o la grazia dal numero maggiore possibile di santi. Questo successo particolare di alcuni santi fece sì che i potenti di diverse città trafugassero furtivamente reliquie celebri, così da assicurarne il potere protettivo alle loro contrade, compiendo un furto che secondo la mentalità dell'epoca era facilmente perdonabile. Le motivazioni avanzate per tali gesti erano essenzialmente due: da un lato si adduceva la scusa che il santo non fosse abbastanza venerato là dove erano le sue reliquie, pertanto era giusto portarlo in un centro dove potesse venire adeguatamente onorato; dall'altro lato si sosteneva che il santo, qualora non avesse gradito di essere spostato, avrebbe sempre potuto manifestare il suo dissenso, ad esempio punendo i suoi trafugatori. In effetti sappiamo che non poterono mai essere trafugate le reliquie di quattro santi: san Giacomo Zebedeo, san Martino di Tours, san Leonardo del Limousin e sant'Egidio.

Un armadio per custodire reliquie risalente al XIII secolo; Halberstadt (Germania).

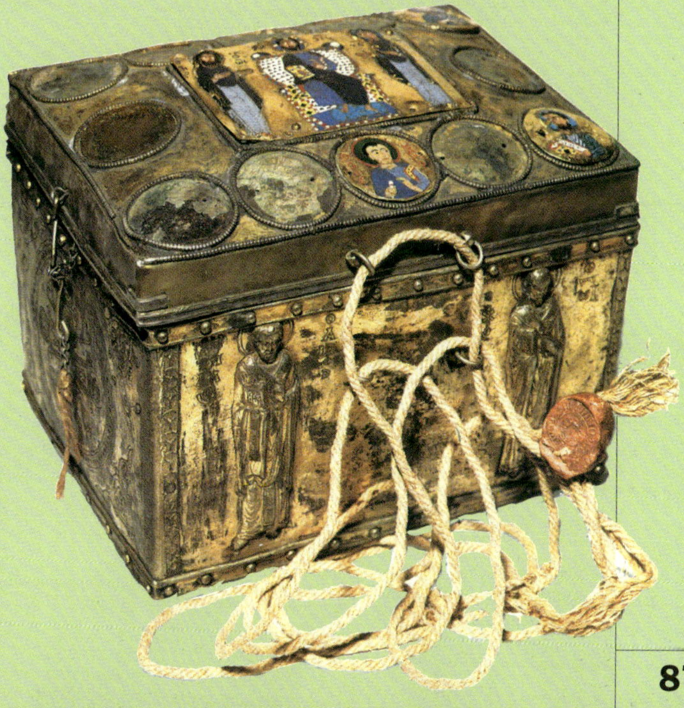

Reliquiario del capo di santa Prassede, XI secolo; Città del Vaticano, Biblioteca Apostolica Vaticana.

Reliquiario del piede di sant'Andrea, X-XI secolo; Treviri, Domschatz.

Chi erano i pellegrini

Ma quali erano le motivazioni che spingevano al pellegrinaggio, dal momento che nei Vangeli Gesù mai raccomanda tale pratica? A costituire le schiere di pellegrini erano soprattutto donne. Esse, infatti, che nel Medioevo erano la parte più debole della società, cercavano spesso nella richiesta di una grazia tramite il pellegrinaggio la risoluzione ai loro problemi, soprattutto familiari (tipica era l'invocazione della grazia contro la sterilità). Va considerato che, in diversi ambienti, la preghiera di una donna era ritenuta più efficace di quella di un uomo. Erano quindi le madri, più che i padri, a prendere l'iniziativa di invocare un santo e di fare un voto di pellegrinaggio, specialmente nel caso di disgrazie, per lo più fisiche, capitate ai figli. Di conseguenza moltissimi erano i bambini che venivano portati in pellegrinaggio con

le madri. Nella relazione dei 106 guariti da santa Elisabetta, ad esempio, 62 sono bambini. Un fenomeno particolare era quello dei pellegrinaggi di soli bambini, che partivano spontaneamente, senza essere accompagnati da adulti. Famoso è quello che migliaia di essi compirono in due anni al Mont-Saint-Michel, in Normandia, provenendo da località diverse della Francia, della Germania, dell'Inghilterra. Altra grande categoria di pellegrini era costituita dai muti, dai sordi, dai ciechi, dagli storpi, che vedevano nel pellegrinaggio l'ultima speranza di guarigione. Ad esempio, a Tours san Martino era famoso per la guarigione che concedeva a lebbrosi ed epilettici.

Un gruppo di pellegrini dipinti da Andrea Bonaiuti, 1366-1367; Firenze, Chiesa di Santa Maria Novella.

Maestro di San Sebastiano, malati che chiedono la grazia presso la tomba di un santo, XIV secolo; Roma, Galleria Nazionale.

I motivi dei pellegrinaggi

Oltre che per ottenere guarigione e rimedio ai propri mali, altre motivazioni per porsi in viaggio verso mete sante erano quelle di fede: si cercava di mettersi sotto la protezione di un santo affinché questi intercedesse per il fedele nel giorno del Giudizio universale. I martiri spesso erano stati anch'essi uomini peccatori, come i pellegrini, e tuttavia, convertitisi, sedevano vicino a Dio e a Gesù: davano quindi particolare fiducia nello svolgere il ruolo di mediatori tra l'uomo in terra, debole e peccatore, e il Giudice divino in cielo, santo e severo. Questa dottrina dei santi, che risaliva ai primi secoli della Chiesa, fu rafforzata dal Concilio di Trento, in cui i Padri conciliari proclamarono come articolo di fede che i santi e i martiri, regnando in cielo con Cristo, intervengono presso Dio a favore degli uomini: pertanto i loro corpi possono essere venerati e attraverso di essi Dio assicura agli uomini molti benefici; quindi i luoghi che di tali santi conservano memoria possono essere visitati al fine di ottenere grazie. Molte altre erano le motivazioni dei pellegrinaggi. In caso di pericolo si faceva voto, qualora si fosse scampati ad esso, di recarsi in pellegrinaggio in qualche celebre santuario. Lo stesso Cristoforo Colombo, di ritorno nel 1493 dal Nuovo Mondo, incappò con la sua ciurma in una terribile tempesta. Nel suo "giornale di bordo" egli ricorda di aver ordinato che tra i marinai se ne tirasse a sorte uno che avrebbe dovuto recarsi in pellegrinaggio al santuario di Santa Maria di Guadalupe, portando per ringraziamento un cero di cinque libbre. Numerosi erano anche i pellegrinaggi "per conto terzi": molti pellegrini venivano mandati a pregare in un determinato santuario per un malato, un disabile, anche un defunto. La Chiesa imponeva anche pellegrinaggi per l'espiazione di colpe gravi, e la durata del viaggio doveva essere commisurata alla gravità del peccato. Ad esempio, nel 1139 il Concilio Lateranense II stabilì che gli "incendiari" dovessero espiare servendo Dio per un anno intero a Gerusalemme. Il pellegrinaggio poteva essere anche una via di fuga per sottrarsi a incombenze non gradite, come avvenne al vescovo Annone di Minden, che nel 1174 si recò in pellegrinaggio a Santiago de Compostela per evitare di accompagnare Federico Barbarossa in una delle sue campagne militari in Italia. Non va poi trascurato il fatto che tra i pellegrini molti erano i giovani in cerca di avventura, o le persone che volevano rifarsi una nuova vita fermandosi in una delle tappe del pellegrinaggio; gli stessi crociati venivano chiamati al loro tempo "pellegrini". Specialmente a partire dal XVI secolo, poi, coloro i quali non erano in grado di sopportare fisicamente un lungo viaggio, ricorrevano al cosiddetto "pellegrinaggio spirituale", che veniva compiuto nelle chiese della propria città e durava il numero di giorni che sarebbe stato necessario per recarsi a Roma o a Gerusalemme.

San Giacomo maggiore vestito da pellegrino, XVIII secolo; Châtellerault, Chiesa di San Giacomo.

Il Volto Santo custodito nel duomo di Lucca, assai venerato nel Medioevo.

L'equipaggiamento dei pellegrini

Le raffigurazioni di pellegrini sono numerose. Da esse possiamo dedurre quale fosse il loro equipaggiamento: camicia, pantaloni, calze e scarpe (nelle guide si raccomandava di non usare scarpe nuove, ma scarpe già usate, perché più comode), il lungo caratteristico mantello e un cappello a falda larga per difendersi dal sole o dalla pioggia. Importante era anche il bastone, che forniva appoggio in montagna e nell'attraversamento dei guadi. Il bagaglio doveva essere il più leggero possibile; ne facevano parte anche le lettere di salvacondotto e il denaro, nascosto generalmente nella cintura o nelle scarpe. Il cibo del pellegrino era costituito prevalentemente da pane e formaggio. La scarsità del bagaglio dei pellegrini andava verso il tentativo di imitare Gesù, che secondo il Vangelo di Matteo (Mt 10,9-10), aveva raccomandato ai suoi discepoli di non prendere per il viaggio denaro, né bisaccia da viaggio, né sandali, né bastone. La concessione di portare denaro era volta a consentire ai pellegrini più ricchi di soccorrere quelli più poveri e bisognosi, nonché di contribuire al mantenimento di chiese, monasteri e ospizi incontrati lungo la propria strada. I pellegrini più devoti portavano dei "sacrifici", ad esempio catene, abiti che pungevano la pelle, oppure viaggiavano del tutto nudi. Inoltre si viaggiava per lo più a piedi, talvolta a piedi nudi per fare penitenza, percorrendo in media tra i 20 e i 40 chilometri. Solo i più benestanti potevano permettersi l'uso del cavallo, ma, se volevano dimostrarsi umili, ricorrevano al mulo e, se volevano imitare Gesù, cavalcavano un asino. Carri e altri mezzi a quattro ruote erano riservati a persone anziane, donne e malati che non potevano camminare. Ma erano presenti anche gli storpi, che si trascinavano su piccoli sgabelli provvisti di rotelle.

Nicola di Lira, *San Giacomo guida un giovane pellegrino*, XV secolo; Città del Vaticano, Biblioteca Apostolica Vaticana. Tipici il bordone e il cappello a larghe falde per ripararsi dal sole.

L'inizio del viaggio

Il viaggio iniziava con la santa Messa, durante la quale ci si comunicava e si chiedeva la benedizione della Chiesa, che veniva estesa anche al bastone e alla bisaccia del pellegrino. Questi veniva così posto sotto la speciale protezione divina, rafforzata da una formula particolare se il viaggio era diretto in Terra Santa ed era da compiersi per mare.

Il periodo scelto per partire era la primavera, quando si poteva trovare più facilmente cibo, le strade iniziavano a essere praticabili, i ponti su fiumi e ruscelli erano stati riparati dai danneggiamenti dell'inverno, l'acqua dei fiumi si era abbassata e i traghetti riprendevano i loro attraversamenti.

Partire a primavera costituiva però una difficoltà per chi si recava a Santiago, poiché si doveva compiere l'ultima parte del viaggio con il caldo afoso dell'estate, particolarmente torrida nel Nord della Spagna; ci si muoveva allora prevalentemente di notte, orientandosi con le stelle, come ricorda la designazione di Via Lattea che gli spagnoli hanno dato al cammino per Santiago. Dalla primavera all'autunno, poi, si moltiplicavano le fiere di paese e le feste di consacrazione delle chiese, era più facile riposarsi e pernottare, anche all'addiaccio.

La benedizione delle bisacce e dei bordoni prima della partenza; Lione, Biblioteca Municipale.

I pericoli del viaggio

I luoghi di maggior pericolo durante il viaggio erano i fiumi, dove si era in balìa del volere del traghettatore e poteva capitare di aspettare giorni interi prima di poter passare all'altra sponda; e i ponti, dove si poteva scivolare sulle assi bagnate (ma con la rinascita posteriore al Mille si provvide a costruire in tutta Europa numerosi ponti in muratura).

Sempre dopo il Mille, con l'intensificarsi dei viaggi per mare, grande pericolo era dato dai pirati, per cui i vascelli viaggiavano sempre vicini gli uni agli altri. I pellegrini venivano spesso sequestrati da pirati cristiani o musulmani. I cristiani fatti prigionieri nei paesi musulmani e in pericolo di rinnegare la fede erano soccorsi con ogni mezzo: se non bastava il riscatto a liberarli, alcuni uomini liberi si sostituivano ad essi. A tal fine venne fondato nel 1198 l'ordine dei Trinitari e, nel 1223, l'ordine dei Mercedari (ordine della Beata Maria Vergine) che, oltre ai tre voti monastici classici, ne aveva anche un quarto, proprio quello di restare in ostaggio dei saraceni se ciò fosse stato necessario per liberare dei fedeli.

Ma i pellegrini potevano subire grassazioni anche da parte dei comandanti delle navi (per cui, a partire dal XII secolo, a tali capitani vennero richieste dalle autorità dei porti di imbarco particolari garanzie) e da parte dei proprietari delle locande, che potevano imbrogliare sulla qualità del vitto e del vino o persino, nei luoghi più isolati, derubare i viandanti.

Viaggiare in gruppo non proteggeva dai rapinatori, come successe all'abate di Cluny, che nel 972 cadde con il suo seguito sulle Alpi in mano ai saraceni e fu liberato solo dopo che i suoi monaci ebbero pagato un ricco riscatto. Particolarmente infidi erano boschi e foreste, che peraltro anche nell'immaginario dell'epoca erano ritenuti luoghi oscuri, sede del male e del peccato, ove si riteneva che si celassero non solo le bande di rapinatori ma anche di mangiatori di carne umana. Il fatto che nel 1123 il Concilio Lateranense I per tutelare i pellegrini li abbia posti sotto la sua speciale protezione, scomunicando chiunque li sequestrasse o derubasse, non fa che confermare la frequenza dei pericoli ai quali essi andavano incontro.

I pellegrini in mare in una miniatura del XIII secolo; Firenze, Biblioteca Nazionale.

L'arrivo alla meta

Giunto alla meta agognata, il pellegrino si trovava dinanzi a una folla che si accalcava all'esterno del santuario, in attesa di entrarvi. Egli si introduceva quindi in quella calca e, giunto all'interno, dove era situato il reliquario o la tomba che conteneva le spoglie del santo (spesso in una cripta sotterranea), era accolto dallo spettacolo di una turba concitata che piangeva, pregava, urlava, supplicava, immersa in un'atmosfera mistica. Coloro che cercavano la guarigione si facevano deporre sulla tomba, passandovi la mano e portandola più volte sulla parte malata. Veniva anche presa della terra dalle vicinanze della tomba, per spalmarla poi sul corpo, o berla diluita in acqua, o portarla appesa al collo dentro un sacchetto. La ricerca del contatto fisico con la terra era estremamente importante. Chi chiedeva una grazia doveva più volte genuflettersi e stendersi sulla nuda terra, con le braccia disposte a croce. Coloro i quali venivano improvvisamente guariti esternavano la loro riconoscenza con grande eccitazione, alzando le braccia al cielo, stendendo le braccia, cantando, baciando in continuazione il contenitore delle reliquie. Il pellegrino inoltre non giungeva mai a mani vuote, ma deponeva dei doni il più vicino possibile alla tomba del santo, in modo da essere sotto i suoi occhi anche dopo essere partito.

Un'ampolla che serviva per raccogliere l'acqua della Terra Santa, VI secolo; Monza, Museo del Duomo.

Maestro di Boucicaut, *Pellegrini in visita al Santo Sepolcro*, miniatura, XV secolo; Parigi, Biblioteca Nazionale.

Tra i doni offerti al santo, molti si riferivano alla malattia per la quale si chiedeva la guarigione. Spesso si trattava di statuine in cera d'api (un materiale allora costoso) che riproducevano l'arto o l'organo malato, non di rado modellate dalla mano stessa della madre che chiedeva la guarigione del proprio figliolo. I ricchi deponevano corone e verghe d'oro e d'argento, oppure si facevano pesare, offrendo il denaro per acquistare il grano o il pane corrispondente al peso rilevato. A Santiago esisteva un vero e proprio elenco di suppellettili sacre che i pellegrini potevano offrire per l'arredamento del santuario.
Chi era stato guarito o salvato era tenuto a magnificare la potenza del santo subito dopo che il miracolo era avvenuto, e specialmente sulla via del ritorno, prima del quale veniva acquistato un ricordo del pellegrinaggio. In Terra Santa si prendeva un po' di terra, o una pietra del Golgota, o un po' d'acqua del Giordano, il fiume in cui Giovanni aveva battezzato Gesù. A Santiago si acquistava la conchiglia, segno distintivo di coloro che erano stati sulla tomba di san Giacomo, e che proteggeva contro i pericoli.
A Roma, nel Basso Medioevo, insegna specifica del pellegrino erano le immagini fuse in metallo di san Pietro e san Paolo.
Nacque così in quel periodo una vera e propria industria per la produzione delle insegne del pellegrino, che venivano applicate alla tasca, al mantello, al cappello.

San Sebaldo vestito da pellegrino, raffigurato in un dipinto del 1487; Norimberga, Germanisches National Museum. Le immagini della Veronica e della conchiglia sul suo copricapo indicano l'avvenuto pellegrinaggio.

Il ritorno dal pellegrinaggio

Il ritorno dei personaggi importanti era annunciato dall'invio nel luogo di origine di araldi, e un comitato di accoglienza riceveva l'illustre pellegrino con canti, litanie e preghiere. Non meno solenne era l'accoglienza anche dei cittadini più modesti, ad esempio degli artigiani, le cui corporazioni di mestiere, che spesso avevano finanziato il viaggio, li attendevano festosamente per poi accompagnarli in chiesa, meta finale del ritorno, dove i pellegrini deponevano sull'altare il bastone e la bisaccia. Coloro i quali avevano compiuto il pellegrinaggio per conto di altri dovevano loro fornire un resoconto del viaggio, consegnando per prova non soltanto le insegne del pellegrino ma spesso anche un'attestazione delle autorità religiose del santuario, a testimonianza del fatto che essi vi erano realmente stati.

La conchiglia che portavano i pellegrini da Santiago de Compostela.

verifica delle conoscenze e delle abilità

INTERATTIVA

1 Scegli il completamento corretto.

- **La chiesa cattedrale è:**
  - a la chiesa in cui ha sede il vescovo
  - b la chiesa in cui ha sede un parroco
  - c la chiesa di Roma
  - d la chiesa più grande di una città
- **L'abbazia è:**
  - a un edificio sacro
  - b il complesso edilizio nel quale vive una comunità di religiosi retta da un abate o da una badessa
  - c una variante architettonica della basilica
  - d un luogo d'incontro per religiosi
- **Gli ortodossi sono:**
  - a cattolici dai riti liturgici in greco
  - b cristiani che seguono la tradizione bizantina
  - c credenti nell'unificazione delle religioni
  - d fedeli appartenenti alla Chiesa di Gerusalemme

2 Metti in ordine cronologico i seguenti avvenimenti, relativi al monachesimo medievale, inserendo nei quadratini i numeri nella corretta successione.

- ☐ a Benedetto da Norcia abbracciò la vita monastica.
- ☐ b In Oriente alcuni cristiani cominciarono a seguire l'esempio degli eremiti e a farsi monaci.
- ☐ c In Occidente iniziarono a costituirsi le prime comunità di monaci.
- ☐ d Benedetto dettò la sua Regola.
- ☐ e Benedetto fondò il monastero di Montecassino.
- ☐ f Si diffusero in Occidente molte regole monastiche.
- ☐ g Vi fu un rinnovamento della vita monastica a partire dall'abbazia di Cluny.

3 Indica se le affermazioni sono vere (V) o false (F).

- a Alla caduta dell'impero romano d'Occidente tutti i vescovi fuggirono in Oriente. V F
- b Durante le invasioni barbariche i vescovi divennero i punti di riferimento delle comunità. V F
- c La Regola benedettina si basava esclusivamente sulla vita contemplativa. V F
- d I pellegrini medievali erano uomini e donne che volevano visitare i luoghi in cui era vissuto Gesù. V F
- e I crociati volevano verificare se Dio avrebbe fatto vincere i cristiani. V F
- f Francesco scrisse la Regola benedettina. V F
- g Domenico aveva una solida preparazione culturale e teologica. V F

4 Completa le parole.

- a I càtari di Albi: al_i_e_i
- b Il tribunale ecclesiastico contro le eresie: _n_u_s_z_one
- c Gli ordini religiosi ispirati alla povertà evangelica: m_nd_c_nti
- d La città sede del papato in Francia: _vig_on_
- e La patrona d'Italia: s_nt_ C_t_rin_ da Si_n_
- f Il Papa al tempo di santa Caterina: Gr_g_ri_ XI

5 Inserisci correttamente nel testo le seguenti parole o espressioni.

Chiesa – bisognosi – teologica – emarginati – valdesi – eresia – ideali – Francesco d'Assisi – càtari – Inquisizione – mendicanti – domenicani – francescani – Domenico de Guzmán – culturale – ordini – predicazione – povertà

Tra il XII e il XIII secolo molti movimenti che esigevano dalla Chiesa una maggiore adesione agli .... evangelici sconfinarono nell'............................ . Tra questi, i più noti furono quello dei .... e quello dei .... Nei confronti di coloro che erano ritenuti eretici la Chiesa istituì l'............................ . Ma la risposta più significativa fu la nascita in seno alla .... degli ordini .... , che rinunciarono a ogni ricchezza terrena. Agli ordini mendicanti appartennero i .... e i .... I primi furono fondati da .... , con l'obiettivo di dotare la Chiesa di un corpo militare scelto; i domenicani combattevano le eresie più diffuse con le armi della loro preparazione .... e .... e attraverso la .... I secondi, i francescani, fondati da .... , abbracciarono la .... evangelica rendendosi totalmente disponibili verso il prossimo, specialmente verso gli .... e i .... Il Papa riconobbe ufficialmente entrambi gli ....

6 Abbina correttamente ogni termine alla propria definizione.

a Scisma
b Pellegrinaggio
c Crociata
d Scomunica

1 Pratica di devozione che consiste nel recarsi collettivamente o individualmente presso un luogo sacro per compiervi un atto religioso
2 Esclusione dalla comunione ecclesiale
3 Scissione all'interno di una comunità religiosa
4 Impresa militare condotta dai popoli cristiani europei contro i turchi per rendere accessibili i luoghi santi della vita di Gesù

7 Scegli la risposta corretta.

- **Chi sono i santi patroni d'Italia?**
  - *a* San Francesco e santa Caterina
  - *b* San Martino e san Biagio
  - *c* San Pietro e san Paolo
  - *d* San Benedetto e santa Lucia
- **Perché la "cattività avignonese" è chiamata così?**
  - *a* Perché i Papi erano molto cattivi
  - *b* Perché i Papi vennero confinati ad Avignone
  - *c* Perché i Papi tenevano prigioniero l'imperatore ad Avignone
  - *d* Perché i Papi avevano deciso che Avignone era la città europea più prestigiosa
- **Come vivevano gli appartenenti agli ordini mendicanti?**
  - *a* Vivevano nella ricchezza
  - *b* Facevano voto di povertà
  - *c* Alternavano una vita normale a periodi di estenuanti digiuni
  - *d* Facevano di mestiere i mendicanti

mappa

INTERATTIVA

476: **cade l'impero romano**, la .... di Roma diventa l'unico punto di riferimento

→ I .... diventano le **guide spirituali** a cui tutta la comunità fa riferimento

↓

La Chiesa evangelizza i barbari: è la premessa per la costruzione di un'................................

→ .... Magno è la figura determinante in questo **processo di unificazione**

↓

Nasce il ...., che contribuisce alla **diffusione della cultura cristiana** in Europa

→ Il **monachesimo**:
- anacoreti ed eremiti
- Pacomio e l'esperienza di vita ....
- Benedetto da Norcia e la .... benedettina

↓

Il **Sacro Romano Impero** è garanzia dell'unità politica e spirituale dell'...................... cristiano

↓

La **Chiesa nel Medioevo** attraversa un periodo di .... morale e di forti contrasti religiosi e politici

← Vengono bandite le .... per **motivi religiosi e commerciali**

→ Nascono i .... **in contrasto con la Chiesa di Roma**

↓ Nascono gli **ordini mendicanti** ispirati alla .... e alla fraternità

↓

1054: .... d'Oriente. Una questione dottrinale fu il pretesto per la **rottura** tra la Chiesa d'Oriente **ortodossa** e quella d'Occidente **cattolica**

Completa la mappa inserendo le seguenti parole o espressioni.

Gregorio – decadenza – cenobitica – vescovi – crociate – Regola – movimenti eretici – Occidente – identità europea – povertà – scisma – Chiesa – monachesimo

attività per la verifica delle competenze

1 È stato detto "*Solo il silenzio è grande; tutto il resto è debolezza*". Che cosa vuol dire, secondo te?

2 Quale ruolo possono avere oggi i tre princìpi evangelici di povertà, castità e obbedienza? *La povertà può insegnare all'uomo di oggi...* Continua tu.

3 Quale contributo può offrire alla società la preghiera dei religiosi?

4 Come abbiamo detto, con il Sacro Romano Impero si compì l'unificazione spirituale, culturale e politica dell'Europa. Facendoti aiutare dall'insegnante, fai qualche esempio, tratto dall'arte, dalla letteratura ecc., che testimoni come il cristianesimo sia alle radici dell'identità europea.

5 Secondo te, "dare il buon esempio" è importante? Motiva la tua risposta.

6 "*La libertà religiosa e di pensiero è un valore intoccabile*": che cosa pensi di questa affermazione? Discutine insieme ai i tuoi compagni.

7 Qualsiasi comunità stabilisce delle regole che consentono lo svolgersi armonioso della vita condivisa. Anche la tua classe è una comunità e come tale possiede delle regole. Insieme ai tuoi compagni e con l'aiuto dell'insegnante, elenca tutte le regole che ciascuno di voi deve o dovrebbe rispettare, poi rispondi alle domande.

- Queste regole sono uguali per tutti?
- Sono sufficienti?
- Quali altre regole andrebbero stabilite?

8 Con l'aiuto degli insegnanti di Religione e di Educazione all'immagine, cerca materiale fotografico e informativo relativo a una cattedrale celebre: descrivila in un breve testo utilizzando le conoscenze che possiedi riguardo alle sue caratteristiche architettoniche e artistiche.

3

Universalità della Chiesa e nascita del mondo moderno

Non c'è dialogo senza conoscenza

Gaia era turbata. Non riusciva a capire le diatribe, le lotte, l'odio che per secoli avevano segnato la storia della Chiesa. Maestro Jered comprese il suo tormento e raccontò questo aneddoto: "Due uomini di religione, un prete cattolico e un pastore protestante, vivevano nello stesso paese: nella stessa piazza, da una parte la chiesa, dall'altra il tempio. Tutti i giorni i due quasi si sfioravano, ma evitavano accuratamente d'incontrarsi.
Un giorno, sia il prete sia il pastore erano in ritardo per la preghiera. Di corsa, senza guardare la strada, uno corse verso la chiesa, l'altro verso il tempio. Nella corsa… lo scontro! I due si rialzarono e, come al solito, non si guardarono, raccolsero il libro, nero uno, nero l'altro, e via! Alla fine della preghiera, nella chiesa i fedeli ringraziarono il prete per le belle orazioni lette. E nel tempio i fedeli ringraziarono il pastore per le belle preghiere lette. Sia gli uni che gli altri non ne avevano mai ascoltate di così belle. Solo all'uscita dalla chiesa il prete si accorse che il nero libro di preghiere era quello del pastore e il pastore si accorse che il suo era il libro del prete. Per la prima volta si guardarono, con gioia, si scambiarono i neri libri e capirono: non c'è dialogo senza conoscenza, non c'è conoscenza senza sguardo sereno del volto dell'altro".

Perché è importante il rispetto dell'altro?

È possibile rispettare tutti? Anche chi ci fa soffrire, chi ci fa paura, chi troviamo ridicolo?

- Secondo te, si deve rispettare:
  1. solo chi ci rispetta;
  2. tutti, perché tutti siamo esseri umani;
  3. tutti, perché ognuno ha il diritto di essere com'è;
  4. solo chi la pensa come noi.

Partendo da questa riflessione, scrivi qual è il tuo pensiero.

OBIETTIVI

- Conoscere l'evoluzione storica e di unificazione religiosa e culturale della Chiesa, realtà voluta da Dio, universale e locale, e rapportarla alla fede cattolica che riconosce in essa l'azione dello Spirito Santo.
- Conoscere il cammino ecumenico della Chiesa.
- Riconoscere il messaggio cristiano nell'arte e nella cultura in Italia e in Europa, nell'epoca medioevale e moderna.
- Focalizzare le strutture e i significati dei luoghi sacri dall'antichità ai nostri giorni.

DIO E L'UOMO IL LINGUAGGIO RELIGIOSO

COMPETENZE

- L'alunno ricostruisce gli elementi fondamentali della Chiesa e sa confrontarli con le vicende della storia civile elaborando criteri per avviarne una interpretazione consapevole.
- Sa riconoscere i linguaggi espressivi della fede e individuarne le tracce presenti in ambito locale, italiano, europeo e nel mondo, imparando ad apprezzarli dal punto di vista artistico, culturale e spirituale.

1 L'esigenza di una riforma della Chiesa

UNA NUOVA EUROPA

A partire dal XV secolo la Chiesa dovette adeguare il suo modo di esprimersi per rendere il proprio messaggio comprensibile a uomini che appartenevano a una cultura molto differente da quella che aveva caratterizzato l'Europa nei secoli precedenti.
Dopo un'epoca in cui il divino aveva dominato ogni dimensione della vita umana, cominciò ad affermarsi un nuovo modo di pensare: due grandi movimenti culturali, l'**Umanesimo** e il **Rinascimento**, spostarono progressivamente l'attenzione **dal mondo divino all'uomo**, di cui si esaltavano la ragione e la capacità di azione. La cultura si rinnovò completamente in ogni campo: delle arti, delle scienze, delle lettere.
Anche la **Chiesa**, come le corti dei signori, divenne un centro di produzione artistica in campo sia letterario sia musicale sia figurativo. Come i principi, **anche i pontefici proteggevano e sovvenzionavano gli artisti più importanti**, ma proprio il lusso e lo sfarzo della corte pontificia ne determinarono la decadenza.

LA CHIESA IN CRISI

La Chiesa si trovava in un momento particolarmente difficile, poiché i sovrani degli Stati europei mal sopportavano la politica di accentramento burocratico e fiscale esercitata dalla curia papale e rivendicavano la loro autonomia.
L'autorità pontificia era fortemente indebolita sia dalla decadenza del Papato sia dalla diminuzione del suo prestigio e della sua autorità spirituale. I frequenti **anatemi** emessi dal Pontefice non favorivano l'acquisizione di una maggiore autorità e si diffuse la **dottrina conciliarista**, secondo la quale l'autorità del Papa poteva essere sostituita da quella del Concilio, indetto anche contro la volontà del Pontefice.
Vari mali, inoltre, travagliavano la Chiesa al suo interno: **simonia** (cioè la compravendita di "beni religiosi", vedi p. 21), **nepotismo**, una ricchezza eccessiva e il mancato rispetto dei princìpi religiosi che venivano predicati erano i bersagli delle critiche più frequenti che venivano mosse alle istituzioni ecclesiastiche da parte di numerosi cristiani, i quali sostenevano **la necessità di una riforma che riportasse la Chiesa alla purezza dei valori evangelici**. Contro gli abusi e la corruzione della vita religiosa si diffusero, specialmente in Germania, forme di **misticismo** e di **individualismo religioso** che si basavano sugli insegnamenti diretti del Vangelo e sulla lettura della Bibbia. Uno dei primi e più importanti attacchi al regime di corruzione regnante nella Chiesa venne da Girolamo Savonarola, ma la critica più radicale giunse dal monaco tedesco **Martin Lutero** e trovò espressione nella **Riforma protestante**.

Anatema
Dal greco *anáthema*, "maledizione". Nel linguaggio ecclesiastico, il termine è utilizzato per indicare la condanna di un'affermazione eretica o scorretta, cui abitualmente segue la sanzione della scomunica.

Nepotismo
Dal latino *nepote*, "nipote", indica il comportamento di chi, detenendo una forma di potere, la usa per elargire favori politici ed economici ai propri parenti.

Misticismo
È una forma di esperienza religiosa mediante la quale l'uomo conosce Dio grazie a una sorta di illuminazione interiore e sperimenta un'unione spirituale con la divinità.

RISORSE DIGITALI
APPROFONDIAMO...
- La Pienza di Pio II

leggiamo le fonti

Lo sfarzo pontificio: la Cappella Sistina

Roma diventò uno dei centri più importanti della cultura rinascimentale: artisti e letterati vi trovarono ospitalità e lavoro, creando capolavori che ancora oggi tutto il mondo ammira: tra questi, la Cappella Sistina (ristrutturata e affrescata tra il 1477 e il 1541), che così fu commentata dal pittore e architetto Giorgio Vasari:

> Questa opera è stata ed è veramente la lucerna dell'arte nostra, che ha fatto tanto giovamento e lume all'arte della pittura, che ha bastato a illuminare il mondo, per tante centinaia d'anni in tenebre stato. E nel vero non curi più chi è pittore di vedere novità ed invenzioni e di attitudini, abbigliamenti addosso a figure, modi nuovi d'aria e terribilità di cose variamente dipinte: perché tutta quella perfezzione, che si può dare a cosa che in tal magisterio si faccia, a questa ha dato.

G. Vasari, in E. Badellino (a cura di), *La Cappella Sistina: un percorso tra religione, arte e storia*, SEI, Torino 2011

GALLERY

Michelangelo Buonarroti, *Il profeta Isaia*, 1508-1512; Città del Vaticano, Cappella Sistina.

approfondiamo...

Girolamo Savonarola

Girolamo Savonarola nacque a Ferrara nel 1452. Frate domenicano, dopo aver studiato teologia a Bologna, venne trasferito nel 1482 a Firenze, dove nel 1491 divenne priore del convento di San Marco. Propugnatore di una vita basata sulla povertà e sull'ascetismo, sostenne la necessità di imporre tali valori non solo alla vita ecclesiastica ma anche a quella politica. La sua critica nei confronti della Chiesa portò papa Alessandro VI dapprima a scomunicarlo, quindi, l'anno successivo, a dichiararlo eretico e a farlo bruciare sul rogo (1498).

Monumento a Girolamo Savonarola, 1875; Ferrara, piazza Savonarola.

2 La Riforma protestante (I)

LE CAUSE E L'INIZIO DEL CONTRASTO

L'epoca in cui Martin Lutero diede avvio alla sua azione fu caratterizzata da un complicato intreccio di eventi storici, politici, sociali e religiosi: tra questi si possono indicare, oltre all'**indebolimento dell'autorità pontificia** e alle **critiche di tipo morale** rivolte alla Chiesa, un **forte nazionalismo antiromano** presente in modo accentuato in Germania, **motivazioni di tipo teologico** e forti **inquietudini umane e sociali**. La dottrina teologica di Lutero fu influenzata da tutti questi fattori.
Nel **1517** Lutero formulò e inviò ai vescovi competenti le sue critiche alla Chiesa, espresse in **95 tesi**, che suscitarono pareri favorevoli in coloro che desideravano un rinnovamento della Chiesa. Quanto scaturì dal suo pensiero e dalle sue azioni presto si rivelò non più conciliabile con la dottrina della Chiesa: i suoi princìpi in materia ecclesiastica divennero noti come **Riforma protestante**.

Riforma protestante
Nel 1529 sei principi e quattordici città stilarono un documento in latino con il quale si impegnavano a garantire la libera predicazione delle tesi luterane nei loro territori. Il documento iniziava con la parola *protestamur* ("dichiariamo solennemente"). Di qui il nome di "protestanti" dato ai seguaci di Lutero.

Indulgenza
Dal latino *indulgentia*, è la remissione dinanzi a Dio della "pena temporale" per i peccati, già rimessi in quanto alla colpa, che il fedele ottiene per intervento della Chiesa a determinate condizioni.

Magistero
Dal latino *magister*, "maestro", è l'insegnamento esercitato dalla Chiesa stessa per permettere agli uomini una piena comprensione della fede in Cristo.

LE TESI CONTRO LE INDULGENZE

Un elemento fondamentale del pensiero di Lutero espresso nelle 95 tesi fu la polemica sulle **indulgenze**. Egli non criticava la pratica in sé, ma l'**abuso** che ormai era all'ordine del giorno: le indulgenze venivano infatti **vendute** per incamerare denaro destinato alla costruzione della basilica di San Pietro a Roma, patrocinata da **Leone X**.
Lutero chiese chiarimenti ai vescovi e invitò i predicatori di indulgenze a una maggiore discrezione. Egli affermava che **il Papa non aveva alcun potere sulle anime del Purgatorio e neppure poteva cancellare le colpe e le pene dei viventi**: Cristo stesso ha comandato la penitenza; al contrario, la pratica delle indulgenze spingeva l'uomo a evitarla attraverso il denaro e lo distoglieva dal compiere opere buone.

RISORSE DIGITALI
APPROFONDIAMO...
- Le indulgenze

L'ATTACCO AL MAGISTERO DEL PAPA

Nel 1519 Lutero andò oltre la polemica sulle indulgenze attaccando l'autorità del **magistero** del Papa, affermando la possibilità di errore da parte dei Concili, **criticando l'ordine sacramentale della Chiesa** intesa come comunità di salvezza.
Lutero si scagliò contro la frattura tra laici e ceto sacerdotale, contro la subordinazione della Bibbia all'interpretazione della Chiesa e contro il diritto esclusivo del Papa a convocare i Concili.

approfondiamo...

Martin Lutero e le vicende della Riforma

Lutero nacque a Eisleben nel 1483 da una famiglia di minatori. Frequentò gli studi superiori a Erfurt e nel 1505 entrò, nonostante l'accesa opposizione del padre, nel convento agostiniano di Erfurt. Fu ordinato sacerdote nel 1507 e divenne professore di Sacra Scrittura a Wittenberg. Nel 1517 pubblicò le sue 95 tesi. Dopo alterne vicende, Lutero ruppe i rapporti con la Chiesa quando il 10 dicembre 1520 bruciò pubblicamente la bolla papale di scomunica e i libri di diritto canonico. La scomunica venne resa ancora più pesante dall'imperatore Carlo V nella Dieta [la riunione di principi e di alti dignitari dell'impero] di Worms del 1521, che ne decretò la messa al bando dall'impero. Alcuni cavalieri del principe elettore Federico di Sassonia, però, lo prelevarono e lo condussero a Wartburg per sottrarlo a ogni persecuzione. Qui egli trascorse i mesi seguenti, lavorando alla sua traduzione in tedesco del Nuovo Testamento e scrivendo molte opere polemiche che ebbero ampia diffusione tramite l'utilizzo della stampa (vedi p. 107).

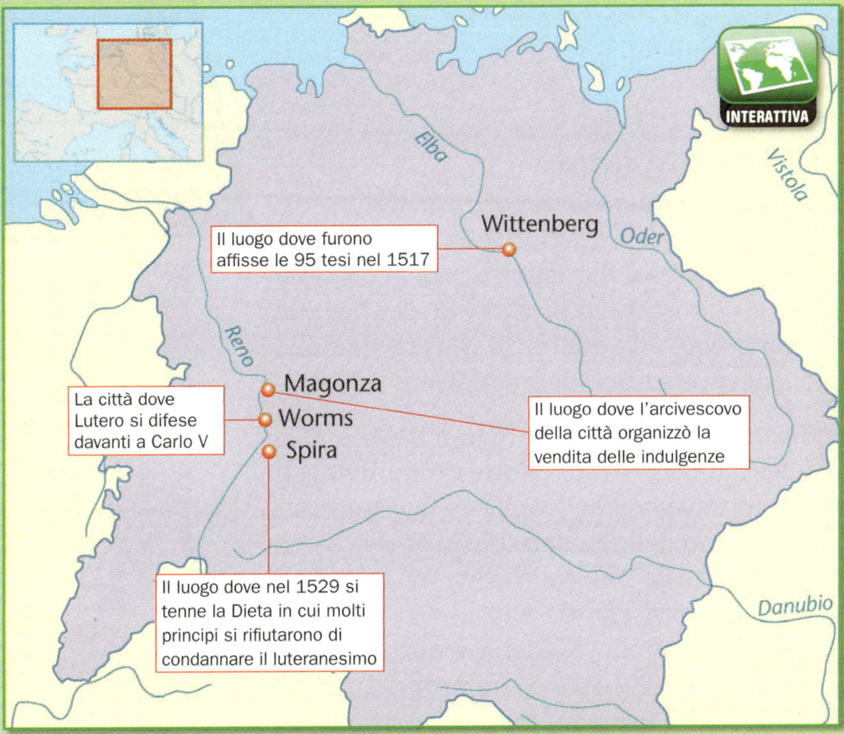

Nel 1525 Lutero aveva sposato Katharina von Bora, ex monaca cistercense, che gli diede cinque figli. Lutero trascorse l'ultimo ventennio come pastore della comunità di Wittenberg, affrontando grandi contrasti e delusioni. Si adoperò per la formazione cristiana: scrisse nel 1529 *Il piccolo catechismo e Il grande catechismo*. Nel 1534 fece pubblicare la Bibbia completa in tedesco. Morì nel 1546.

SEGUE

GALLERY

Anton von Werner, *Lutero si presenta alla Dieta di Worms*, XVIII-XIX secolo.

3 La Riforma protestante (II)

I PRINCIPI DELLA RIFORMA LUTERANA

Il pensiero di Lutero si può sintetizzare attraverso le tre espressioni ***sola fide*** ("soltanto la fede"), ***sola gratia*** ("soltanto la grazia"), ***sola Scriptura*** ("soltanto la Scrittura"):

- la **fede** è totale fiducia in Dio ed è autonoma dalle opere buone o cattive che il cristiano può compiere;
- per ottenere la **grazia** non sono indispensabili né le opere meritorie né i sacramenti: essa **dipende esclusivamente dall'iniziativa divina**;
- la Chiesa di Roma non ha l'autorevolezza dottrinaria né è depositaria dell'interpretazione della **Sacra Scrittura** (*Scriptura*). Per Lutero, mediante il libero esame, cioè senza ricorrere all'insegnamento del magistero, **il cristiano può accostarsi al testo sacro, interpretarlo liberamente** e conoscere così tutta la rivelazione in esso contenuta. Ciò è ritenuto possibile grazie all'assistenza personale dello Spirito Santo, che garantisce la corretta interpretazione dei testi sacri.

La **lettura della Bibbia** è per Lutero fondamento della vita di fede e delle scelte morali del cristiano e deve quindi essere accessibile a tutti. Per questo motivo egli **tradusse personalmente la Bibbia dal latino in tedesco**, favorendone la grandissima diffusione. La **salvezza**, secondo Lutero, è **dono della misericordia di Dio** verso l'uomo peccatore, che si salva grazie alla clemenza di Dio, a cui deve affidarsi con una fede e una fiducia fondate sulla salvezza promessa da Dio in Gesù Cristo: "Non conosci ancora il Vangelo quando apprendi quella dottrina e quei comandamenti, ma solo quando giunge la voce che dice che Cristo è tuo proprio, con la vita, la dottrina, le opere, la morte, la risurrezione, e tutto ciò che è, che ha, che fa e che può" (Weimar edition of Martin Luther's Works – Bibbia tedesca 6,8,16-20).

LA CHIESA SECONDO LUTERO

Per Lutero **l'unica vera Chiesa era stata quella di Gerusalemme** e la Chiesa del suo tempo non aveva più a che fare con l'ideale voluto da Gesù.
Lutero dichiarò che **soltanto i sacramenti del battesimo e dell'eucaristia hanno sicuro fondamento biblico** e affermò che "la fede senza sacramenti salva; i sacramenti senza la fede non salvano". Inoltre accusò la Chiesa di aver falsato l'insegnamento di Cristo negando il calice ai laici e presentando la Messa come sacrificio anziché come testamento di Gesù che garantisce salvezza ai credenti. **Si abolirono le pratiche devozionali, il culto dei santi, i voti monastici**. La Messa, anziché rinnovamento del sacrificio di Cristo, fu interpretata come **cena di comunione**, con un rito semplificato, con celebranti che spesso non indossavano alcun paramento e distribuivano ai fedeli pane e vino.
A partire dal **messaggio di Lutero** e dal suo comportamento nacque gradualmente la struttura di **una comunità cristiana separata da Roma**.
La Riforma, che aveva iniziato la sua diffusione oltre i confini della Germania, era ormai una realtà.

approfondiamo...

La Bibbia: un best seller

Una doppia pagina della Bibbia di Gutenberg, conservata a Magonza.

L'invenzione, a opera di Johannes Gutenberg, della stampa a caratteri mobili, avvenuta negli stessi anni in cui Lutero tradusse il testo biblico, ne favorì la rapida diffusione. La prima opera stampata da Gutenberg fu la cosiddetta "Bibbia delle 42 linee" (dal numero di righe contenute in una pagina), che vide la luce intorno al 1455. L'invenzione della stampa giovò non poco alla diffusione delle idee dei riformatori; a cominciare dalle 95 tesi di Lutero i loro testi, redatti non in latino ma nelle lingue moderne, ebbero grande diffusione. Anche la Bibbia ebbe un gran numero di edizioni (tra il 1522 e il 1536 Lutero ne curò ben 430 traduzioni), così da consentire di leggerla direttamente, senza l'interpretazione del magistero della Chiesa cattolica. Questa reagì pubblicando, a partire dalla metà del Cinquecento, una serie di *Indici dei libri proibiti,* cioè di elenchi dei libri che i cristiani non potevano leggere, pena la morte (comminata anche agli autori e agli stampatori). Pio V fondò a tal proposito nel 1564 un'apposita istituzione, la Congregazione dell'Indice (abolita soltanto nel 1966 da Paolo VI). All'indice vennero messe anche tutte le edizioni della Bibbia diverse da quella *Vulgata,* redatta in latino nel IV secolo da san Girolamo.

leggiamo le fonti

Il messaggio di Lutero

Il messaggio di Lutero e il suo comportamento convinsero molte persone. [...] Egli si presentò come autore di testi devozionali, generalmente non polemici e redatti nella lingua del popolo. Qui egli sapeva illustrare in modo efficace e rivolto al perfezionamento della vita cristiana nel quotidiano le questioni elementari della fede cristiana, aiutando a comprendere la penitenza, il battesimo, l'eucaristia, il Padre Nostro e i Dieci Comandamenti, la morte cristiana, il matrimonio cristiano e la passione di Cristo. Già alla fine del 1519 [...] si erano diffuse ben 140 diverse edizioni dei suoi venti scritti in lingua volgare. Ciò costituiva una produzione editoriale a stampa senza precedenti, che si aggiungeva alla pubblicazione di testi in latino, attraverso i quali Lutero si poneva soprattutto in contraddittorio con gli esponenti della teologia scolastica e della Chiesa. Il successo pubblicistico di Lutero negli anni 1518-19 mostra con quale abilità e coerenza il monaco di Wittenberg, fino ad allora privo di qualsiasi visibilità letteraria, sapesse usare il nuovo *medium* dell'editoria a stampa, e come ciò che aveva da dire colpisse un punto nevralgico del suo tempo. La predicazione scritta di Lutero, focalizzando il messaggio cristiano sull'antico testo fondamentale della fede, la Bibbia, su Cristo, sulla fede e sulla condotta religiosa nella vita quotidiana, assumeva evidentemente una credibilità galvanizzante.

T. KAUFMANN, *Lutero*, il Mulino, Bologna 2007

Lucas Cranach (e figli), *Lutero in cattedra*, particolare dell'altare di Wittenberg, XVI secolo.

4 La Riforma in Europa

LE CONSEGUENZE POLITICHE DELLA RIFORMA

Nelle intenzioni di Lutero la ribellione aveva sempre avuto un carattere puramente religioso, ma i contatti tra religione e politica erano inevitabili, giacché i principi tedeschi erano pronti a strumentalizzare la situazione a proprio favore contro l'autorità papale e contro quella imperiale.

Durante la **Dieta** di Augusta venne presentato un documento protestante, la *Confessione Augustana* (1530), che fu respinto dalla maggioranza cattolica e dall'imperatore stesso, dando inizio a un periodo di lotta che si concluse nel 1555 con la **pace di Augusta**. In essa veniva sancita **la divisione religiosa della Germania** e veniva data pari dignità al luteranesimo e al cattolicesimo. La pace augustana riconobbe ai principi e ai signori territoriali tedeschi **il diritto di essere cattolici o protestanti**. In ciascun territorio i sudditi dovevano seguire la religione del loro sovrano oppure emigrare.

Dieta
È la riunione di principi e di alti dignitari dell'impero, convocata per un giorno (*dies*, in latino) prestabilito.

La Riforma era ormai una realtà e aveva assunto **connotazioni europee**. Il luteranesimo si diffuse in breve tempo anche al di fuori dei confini della Germania: in Danimarca e in Svezia, in Norvegia e in parte della Svizzera.

ZWINGLI E CALVINO

In quegli stessi anni altri religiosi e laici che desideravano un radicale rinnovamento della Chiesa misero in discussione l'interpretazione ufficiale della Bibbia. Essi, come nel caso dello svizzero **Ulrich Zwingli** (1484-1531) e del francese **Giovanni Calvino** (1509-1564), si staccarono, analogamente a Lutero, dalla Chiesa cattolica e crearono **nuove Chiese**, dette **riformate**. In Francia, nel 1560 circa, un quinto della popolazione seguiva le idee riformate, alle quali aderirono anche la Scozia, i Paesi Bassi settentrionali, in parte la Polonia e l'Ungheria.

Giovanni Calvino.

L'ANGLICANESIMO

Nel Cinquecento anche **l'Inghilterra si staccò dalla Chiesa cattolica**, senza aderire però alla Riforma luterana. **Enrico VIII** (1509-1547), per motivi non dottrinali ma dinastici e strettamente politici (il monarca voleva sospendere la giurisdizione del Papa sul suo regno, sostituendola con quella del re, perché voleva l'annullamento del suo matrimonio con Caterina d'Aragona), decretò la **separazione da Roma** e nel **1534**, attraverso l'*Atto di supremazia*, si fece proclamare dal Parlamento "Capo supremo della Chiesa d'Inghilterra". Fece giustiziare chi gli si opponeva (come il vescovo Giovanni Fisher e l'ex lord cancelliere Tommaso Moro) e cominciò a perseguitare gli appartenenti agli ordini religiosi.

La conversione degli inglesi all'**anglicanesimo** ebbe inizio soltanto sotto **Edoardo VI**: nel 1549 venne introdotto il *Book of Common Prayer*, che ormai non rispecchiava più la dottrina cattolica. Sotto la regina Maria la Cattolica (1553-1558) fu ristabilito il cattolicesimo e i protestanti furono perseguitati, ma con **Elisabetta I** (1558-1603) l'anglicanesimo si riaffermò. Il cattolicesimo però riuscì a sopravvivere grazie a una rete di sacerdoti che vivevano in clandestinità.

Alla fine del Cinquecento l'**Europa cristiana** si trovò così **divisa tra più confessioni**.

RISORSE DIGITALI
APPROFONDIAMO...
- Il pensiero di Calvino
- Tommaso Moro

approfondiamo...

La cristianità divisa

Differenze dottrinali tra cattolici, luterani e anglicani

	TEOLOGIA/SALVEZZA	SACRAMENTI	ORGANIZZAZIONE
 **Cattolici** Diffusi in tutto il mondo, in particolare in Europa, in Africa e nelle Americhe.	Dio ha mandato il Figlio, Gesù Cristo, perché tutti gli uomini siano salvi e conoscano il Vangelo. La Chiesa continua la sua missione attraverso la fedeltà alla Tradizione e alle Scritture. La salvezza viene dalla grazia divina e dai meriti acquisiti con le opere buone.	Sono stati istituiti da Cristo e sono sette: battesimo, confermazione, eucaristia, penitenza, unzione degli infermi, ordine sacro e matrimonio.	Capo della Chiesa è Cristo, ma il Papa è il garante dell'unità. I vescovi dipendono da lui e sono in comunione con lui. Il sacerdozio ministeriale è esclusivamente maschile.
 **Luterani** Diffusi soprattutto in Germania, in Olanda, in Scandinavia e negli Stati Uniti.	Credono nella Trinità, nella duplice natura di Gesù Cristo, nella consustanziazione. La salvezza dell'uomo dipende unicamente dalla fede senza le opere.	Accettano come sacramenti solo il battesimo, per aspersione, e l'eucaristia.	Unica guida per i credenti è la Bibbia. Credono nel sacerdozio universale, non esiste una Chiesa come intermediaria tra Dio e il mondo.
 **Anglicani-episcopaliani** Diffusi in Inghilterra, Irlanda, Scozia, Stati Uniti e in tutti i Paesi a suo tempo colonizzati dall'Inghilterra.	Vi sono differenze all'interno dei vari membri della comunione anglicana, ma è generalmente diffusa la fede nella Trinità e nell'incarnazione. La salvezza si ottiene con la penitenza e la fede in Cristo. Credono nel Giudizio finale e nella risurrezione della carne.	Accettano come sacramenti il battesimo, per aspersione e per immersione, e l'eucaristia, in cui Cristo è presente realmente. Gli altri sono solo riti sacri.	La Chiesa è governata da vescovi, che vengono considerati discendenti degli apostoli, ed è organizzata in diocesi. Il re (o la regina) di Inghilterra è "governatore della Chiesa" e "difensore della fede".

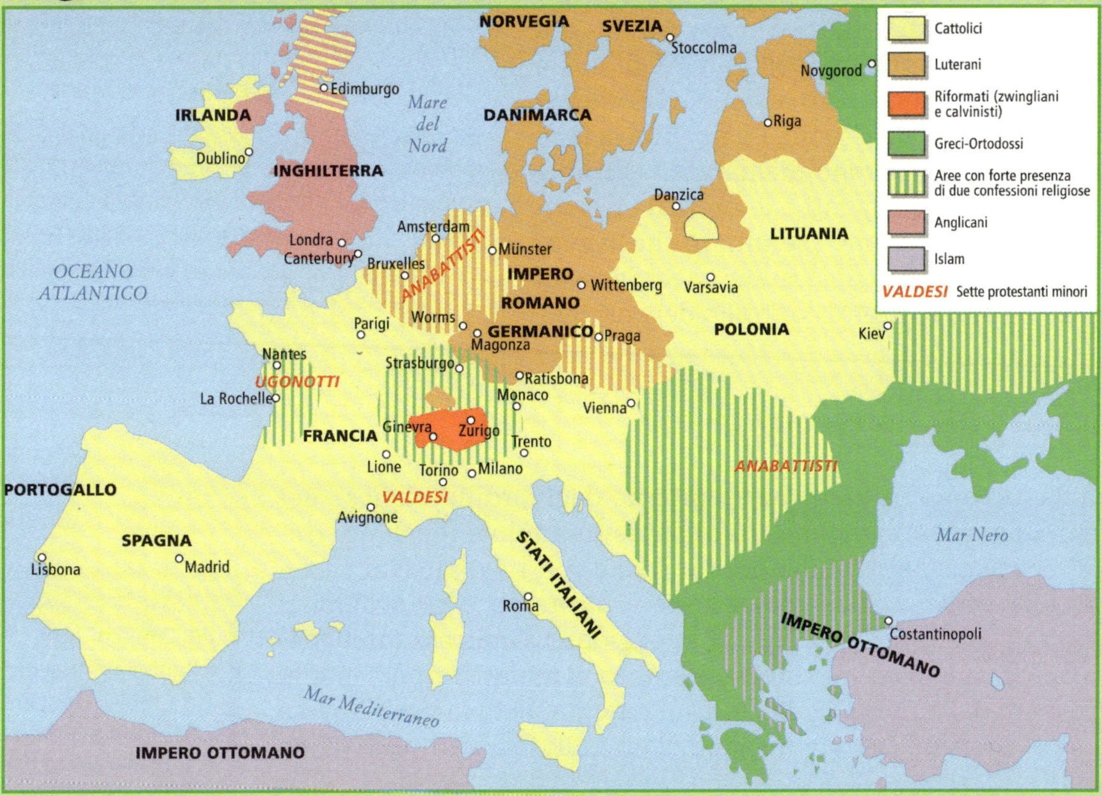

La carta illustra la divisione religiosa dell'Europa alla fine del XVI secolo.

5 La Riforma cattolica

IL CONCILIO DI TRENTO

Le dottrine protestanti si diffusero rapidamente oltralpe, appoggiate da numerosi principi, il che portò a un **indebolimento anche politico della Chiesa**, che si trovò quindi nella situazione di dover **dare risposte precise alle esigenze di rinnovamento** per poter riaffermare la sua autorità.

Dal 13 dicembre **1545** al 15 dicembre **1563** si svolse il **Concilio della Riforma cattolica**, durante il quale furono poste le basi di un significativo **rinnovamento dottrinale e pastorale**: fu la risposta della Chiesa cattolica al protestantesimo. Convocato da papa Paolo III a **Trento** (scelta per la sua posizione strategica tra l'Impero e l'Italia), il Concilio durò quasi vent'anni e fu presieduto da cinque Papi.

LA NUOVA CHIESA CATTOLICA

Durante il Concilio fu definita la posizione cattolica sulla **Sacra Scrittura** in relazione alla **Tradizione** e al magistero della Chiesa, sul **peccato originale**, sulla **giustificazione** e vennero chiariti alcuni punti relativi ai **sacramenti**. In particolare, venne stabilita la dottrina della **transustanziazione**, secondo la quale nel mistero dell'eucaristia il pane e il vino si trasformano realmente, nella loro sostanza, nel corpo e nel sangue di Cristo. Il Concilio elaborò inoltre la **professione di fede** che doveva essere pronunciata solennemente da ogni sacerdote.

Venne anche realizzato un **catechismo per i parroci** e furono rielaborati e uniformati il **messale** e il **breviario** come affermazione di unità liturgica sotto il Papato romano. Fu attuata la riforma anche in **campo disciplinare**, per frenare gli abusi denunciati, specialmente con riferimento ai **benefici ecclesiastici**, dando preminenza agli scopi pastorali. Fu ribadita la funzione didattica delle **immagini**. Furono dichiarate legittime, ma ridimensionate, la devozione ai santi e le pratiche di suffragio per i defunti. Infine, si istituirono i **seminari**, che avevano il compito di formare spiritualmente i nuovi sacerdoti e di prepararli culturalmente sotto il diretto controllo dei vescovi.

Messale
È un libro in cui sono raccolti i testi liturgici (preghiere, letture, canti) per la celebrazione della Messa, con le prescrizioni rituali.

Breviario
Come il messale, è un libro liturgico, contenente l'ufficio divino (cioè passi delle Scritture, inni, orazioni) che gli appartenenti agli ordini sacri devono leggere privatamente o comunitariamente tutti i giorni.

I NUOVI ORDINI RELIGIOSI

La Riforma cattolica diede i suoi frutti anche all'interno degli ordini religiosi. **Benedettini, francescani, domenicani** vissero profondamente i nuovi ideali del rinnovamento religioso. Sorsero anche nuovi ordini: i **teatini** e i **cappuccini** si dedicarono soprattutto alla carità e alla predicazione; i **barnabiti** e gli **scolopi** si occuparono di educare i giovani nel rispetto della religione cattolica; i **fatebenefratelli** e i **camilliani** operarono nel campo dell'assistenza ai malati. Importante fu l'azione dei **gesuiti**, ovvero della Compagnia di Gesù, fondata da **Ignazio di Loyola** e caratterizzata da una dedizione totale all'apostolato sulla base di una valida preparazione culturale.

RISORSE DIGITALI
APPROFONDIAMO...
- Ignazio di Loyola
- I gesuiti: missione ed educazione
- Camillo de Lellis

approfondiamo...

La Tradizione e altri termini della Riforma cattolica

Tradizione

Sono gli insegnamenti originati da Cristo o rivelati dallo Spirito Santo e tramandati dalla Chiesa come realtà di fede. Il Concilio di Trento ribadì la fedeltà della Chiesa alla Tradizione.

Peccato originale

"Il peccato originale nel quale tutti gli uomini nascono è lo stato di privazione di santità e della giustizia originali. È un peccato da noi 'contratto', non 'commesso'; è una condizione di nascita, e non un atto personale. A motivo dell'unità di origine di tutti gli uomini, esso si trasmette ai discendenti di Adamo con la natura umana, 'non per imitazione, ma per propagazione'. Questa trasmissione rimane un mistero che non possiamo comprendere appieno" (*Catechismo della Chiesa cattolica. Compendio*, 283, n. 76). "La dottrina del peccato originale è, per così dire, 'il rovescio' della Buona Novella che Gesù è il Salvatore di tutti gli uomini, che tutti hanno bisogno della salvezza e che la salvezza è offerta a tutti grazie a Cristo" (*Catechismo della Chiesa cattolica*, 389).
Grazie al sacramento del battesimo, la colpa originale viene cancellata (vedi pp. 154 e 155).

Giustificazione

È la remissione dei peccati, per dono di Dio. Il Concilio di Trento, contro Lutero, affermò che essa avviene sì per i meriti di Cristo, ma senza annullare il valore delle opere umane. Fu quindi riaffermato il ruolo della Chiesa come custode della rivelazione e della salvezza.

Transustanziazione

Il termine deriva dal latino *trans* ("oltre") e *substantia* ("materia"). È la conversione di tutta la sostanza del pane nella sostanza del Corpo del Cristo e di tutta la sostanza del vino nella sostanza del suo Sangue, che avviene nella celebrazione eucaristica (dal *Catechismo della Chiesa cattolica*, 1376-1378). Lutero affermava invece la **consustanziazione**, cioè la presenza simultanea del pane e del corpo di Cristo.

Beneficio ecclesiastico

Viene così chiamato il complesso dei beni patrimoniali finalizzati al mantenimento di una funzione ecclesiastica (vescovato, abbazia, parrocchia ecc.) e del relativo titolare (vescovo, abate, parroco ecc.). Può trattarsi di terreni con le relative rendite (definiti beni immobiliari) o di elargizioni di denaro, oggetti preziosi ecc. (beni mobili), provenienti spesso da donazioni di privati. Nei tempi antichi essere nominato, ad esempio, vescovo di una diocesi significava goderne i relativi benefici economici. Tali nomine venivano quindi elargite per via di favore, e i relativi titolari spesso non si presentavano neppure nel luogo del cui beneficio erano stati fatti titolari. Il Concilio di Trento stabilì che rimanesse tale istituto, ma condizionato dall'obbligo di residenza e di predicazione da parte del vescovo sul territorio affidatogli.

GALLERY

Anonimo, *Sei cardinali al Concilio di Trento*, XVI secolo; Salerno, Palazzo Arcivescovile.

approfondiamo...

Entrare in chiesa, tra immagini e muri bianchi

Papa Gregorio Magno, nel 599, affermava che “la pittura era adoperata nelle chiese perché gli analfabeti, almeno guardando le pareti, leggessero ciò che non erano capaci di decifrare sui codici”. A partire da princìpi come questi, le chiese vennero ricoperte di dipinti nei quali erano raccontate storie anche complesse, dell’Antico e del Nuovo Testamento, dei santi, dei martiri, in modo tale che i fedeli potessero imparare la storia sacra e ricordarla con il linguaggio delle immagini, se non con quello delle parole. Nel XVI secolo, con la Riforma protestante, l’uso delle figure sacre venne messo in discussione. I protestanti, infatti, ritenevano che le immagini dipinte sui muri delle chiese distraessero i fedeli dalla vera funzione che un luogo di preghiera deve avere, cioè quello di permettere la concentrazione sulla Parola, la predicazione dei Padri e la preghiera personale. Per questo venne avviata una vera e propria campagna di distruzione delle immagini nelle chiese (iconoclastia) con una furia distruttrice che talvolta non si fermò alle immagini ma coinvolse gli edifici interi. Nella Chiesa cattolica, invece, dopo il Concilio di Trento si avviò un processo inverso, promuovendo uno stile (il barocco) che facesse trionfare l’immagine, purché descrivesse con rigore i testi sacri e fosse di chiara lettura. In ogni modo, anche con diversa prospettiva, uguale nelle due confessioni era la tensione verso la costruzione di un luogo ideale di preghiera.

L’interno in stile rococò (tardo barocco) della Wieskirche, 1745-1754, a Steingaden (Baviera). La ricchezza delle decorazioni risponde ai criteri che la Chiesa cattolica sviluppò in opposizione all’iconoclastia protestante. Le immagini e i decori esprimono la ricchezza del racconto biblico e la bellezza della storia sacra, in modo evidente e visibile a chi entra nel luogo sacro.

La Riforma protestante ritenne centrali la lettura e il commento della Parola, che affermava potessero essere fatti direttamente da ogni cristiano; la predicazione, però, ovvero la lettura e il commento della Parola nell'assemblea domenicale tenuta dal pastore, era considerata molto importante, perché offriva ai fedeli indicazioni di riflessione sul loro comportamento nella vita e nel lavoro.

L'esempio dei santi, le loro storie, le reliquie vengono enfatizzati dall'arte barocca e rappresentano, pur con espressioni artistiche diverse nel corso dei secoli, un carattere importante del credo cristiano cattolico.

Gian Lorenzo Bernini e aiuti, Cattedra di San Pietro, 1657-1666; Città del Vaticano, Basilica di San Pietro.

Pieter Jansz Saenredam, *L'interno della chiesa di Sant'Odolfo ad Assendelft*, 1649; Amsterdam, Rijksmuseum. Il dipinto riproduce bene la scelta dei protestanti di dare al luogo di preghiera un aspetto essenziale, con le pareti spoglie, senza ornamenti, dipinti o statue.

L'altare e la Messa che si celebra sulla mensa dell'altare sono elementi centrali della confessione cattolica e per questo sono messi in rilievo, anche visivamente, all'interno dell'edificio della chiesa.

Gian Lorenzo Bernini e aiuti, Baldacchino, 1624-1633; Città del Vaticano, Basilica di San Pietro.

6 Il cristianesimo nel mondo (I)

● Un missionario gesuita benedice un indigeno appena convertito; incisione, XVII secolo.

MISSIONARI IN TERRE NUOVE

Tra il XVI e il XVIII secolo la Chiesa si propose come obiettivo di **evangelizzare il Nuovo Mondo**.
Nel 1492 Cristoforo Colombo aveva scoperto una terra nuova, abitata da popoli sino ad allora sconosciuti; nello stesso periodo i viaggi verso le Indie e le altre terre dell'Asia venivano intrapresi con maggiore continuità anche grazie al miglioramento delle vie di comunicazione sia terrestri sia navali.
La scoperta e la conquista di nuove terre e di nuovi popoli risvegliò l'**indole missionaria della Chiesa**: così, al seguito di esploratori, conquistatori e mercanti, si posero in viaggio anche uomini di fede come missionari.

I MISSIONARI NELLE AMERICHE

L'**evangelizzazione dell'America** venne affidata ad alcuni **ordini religiosi** e, in base a una decisione della monarchia spagnola, a religiosi che praticavano una vita religiosa povera. Fra gli ordini ritenuti in grado di evangelizzare gli indios, i sovrani spagnoli scelsero gli **agostiniani**, i **domenicani**, i **francescani** e i **gesuiti**.
L'autorizzazione regia concessa a un ordine costituiva un grande aiuto, perché i sovrani si impegnavano a coprire tutte le spese di viaggio del missionario: dal convento di partenza sino al porto d'imbarco, il viaggio in nave, il restante viaggio per terra per raggiungere la missione, il vestiario, i libri e altre spese ritenute necessarie per l'evangelizzazione.

CONTRO LO SFRUTTAMENTO DEGLI INDIOS

Tra il 1493 e il 1822 in **America Latina** arrivarono migliaia di **gesuiti** e fondarono diverse **missioni** in Paraguay, Argentina e Brasile, intorno alle quali si raccolsero numerosi indios a cui i religiosi insegnarono l'agricoltura.
Gli spagnoli non erano in numero sufficiente per sfruttare le immense ricchezze che l'America offriva con i suoi metalli preziosi e prodotti agricoli; venne allora considerato semplice e comodo **far lavorare gli indios**. L'egoismo dei conquistatori e dei coloni trovò un inatteso appoggio nelle tesi di vari teologi, per i quali **gli indigeni americani erano destinati alla schiavitù** per le loro colpe e per l'"ineguaglianza naturale tra gli uomini". Non tutti, fortunatamente, erano di questa idea. I primi a insorgere **contro l'oppressione degli indios** furono alcuni **frati domenicani**, tra i quali intervenne in prima linea **Bartolomeo de Las Casas** (1474-1566), che in un primo tempo aveva sfruttato gli indigeni, finché una crisi di coscienza lo aveva indotto a farsi sacerdote e più tardi domenicano, e a consacrarsi totalmente alla protezione degli indios. Egli divenne così un implacabile avversario dei metodi crudeli e violenti dei colonizzatori spagnoli.

approfondiamo...

L'Europa alla conquista del mondo

Una consolidata tradizione fa iniziare l'età moderna con il 1492, cioè con la "scoperta" dell'America da parte di Colombo. Se è innegabile, da un lato, che lo sfruttamento delle risorse americane ha aperto nuovi scenari economici e politici, non va dimenticato che la conquista del Nuovo Mondo si inserisce in un più vasto processo di espansione dell'Europa. I primi a muoversi furono i portoghesi, che ottennero due importanti successi. Da un lato, esplorarono le coste atlantiche dell'Africa e inserirono quelle lontane contrade nel circuito del grande commercio internazionale. Dall'altro, a partire dal XVI secolo si insediarono stabilmente nelle Indie.

SEGUE

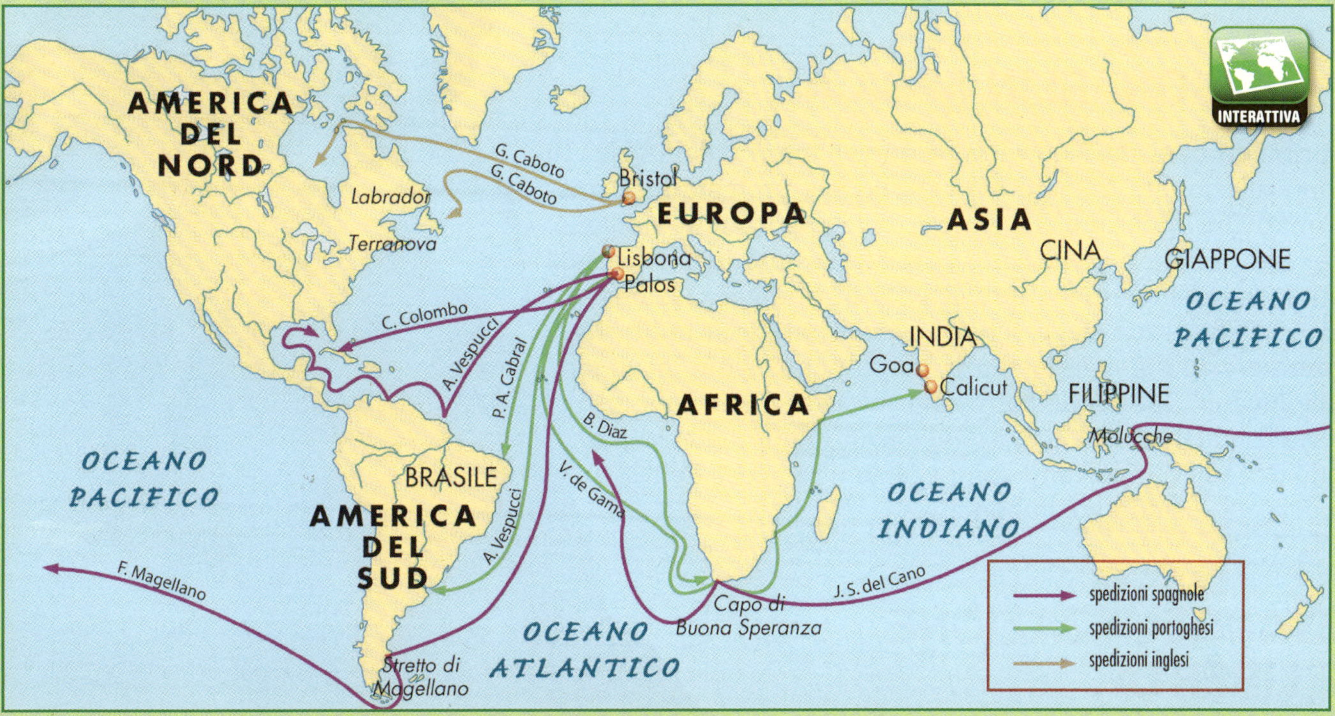

leggiamo le fonti

I metodi crudeli dei colonizzatori

Questi uomini innumerevoli, di tipo molto diverso, sono stati creati da Dio molto semplici, esenti da ogni inganno, astuzia o malvagità. Sono per natura di costituzione delicata e poco temprata alle fatiche, per cui non possono sopportare lavori o sforzi eccessivamente gravosi. Tra queste pecorelle così riccamente dotate dal loro Creatore sono giunti gli spagnoli. Appena le hanno avvistate, sono piombati in mezzo a loro come lupi rapaci e nei quaranta anni che hanno dimorato tra di esse non hanno fatto altro che sgozzarle, dilaniarle, atterrirle, angariarle, martirizzarle e sterminarle con ogni genere di violenze, al punto che dei tre milioni di anime, che vivevano nell'isola Española e che io ho visto in parte con i miei occhi, adesso non rimangono più di duecento anime.

BARTOLOMEO DE LAS CASAS, *Breve relazione della devastazione delle Indie Occidentali*, Edizioni cultura della pace, S. Domenico di Fiesole (FI) 1991

SEGUE

Anonimo, *Ritratto di Bartolomeo de Las Casas*, XVI secolo; Siviglia, Archivio Generale delle Indie.

7 Il cristianesimo nel mondo (II)

I MISSIONARI IN ASIA

L'attività di evangelizzazione si sviluppò non solo nelle Americhe ma anche nei territori delle **Indie Orientali**. Una delle figure più significative fu quella di Francesco Saverio (1506-1552), patrono delle missioni.

I MISSIONARI IN AFRICA

I primi europei che si avventurarono all'interno dell'**Africa** furono missionari cristiani **sia cattolici sia protestanti**. I missionari che andarono alla ricerca delle popolazioni indigene per battezzarle e convertirle al cristianesimo incontrarono notevoli difficoltà nella loro attività di evangelizzazione, a causa della tratta degli schiavi e degli interessi militari e commerciali dei conquistatori, cui le popolazioni locali si ribellavano. Spesso ne soffrirono le conseguenze e subirono il **martirio**. Nel 1867 Daniele Comboni diede vita a una delle più importanti congregazioni religiose dell'Ottocento, i cosiddetti **comboniani**.

Antonio de Torres, *Il gesuita Francesco Saverio battezza un gruppo di abitanti delle isole Molucche*; Città del Messico, Museo Nazionale d'Arte.

EVANGELIZZAZIONE E LIBERTÀ

Il cristianesimo è una religione, non un modello culturale: accettare di essere cristiano non significa automaticamente accettare e condividere un modello culturale o una mentalità. Per questo possono essere cristiani sia gli europei sia gli africani sia gli asiatici, e ognuno secondo la propria identità culturale. **Inculturare il cristianesimo** significa "tradurre" i valori cristiani secondo i modi di vita e la mentalità delle popolazioni indigene, rispettando gli altri e il loro modo di vivere secondo la propria identità culturale, religiosa, sociale.

Lo spirito missionario cristiano è, appunto, **uno spirito di inculturazione**. Per i cristiani l'inculturazione ha anche una motivazione teologica: per diventare uomo, Gesù si è incarnato, cioè è diventato un uomo del suo tempo, vivendo le abitudini, la cultura, la religione e la mentalità degli ebrei di quel periodo e parlando la loro lingua. Il Figlio di Dio per incarnarsi si è dovuto inculturare, perché **non si può essere uomini senza nascere e vivere all'interno di una cultura**. Tuttavia, l'**insegnamento evangelico** è **universale**: tutti i popoli possono accoglierlo e diventare cristiani, senza abbandonare la propria identità culturale. Il cristianesimo quindi è una religione che deve incarnarsi (**inculturarsi**) nella mentalità di chi ne vuole far parte. La **Chiesa**, dal canto suo, non può che essere **multiculturale** e **multietnica**.

RISORSE DIGITALI

APPROFONDIAMO...
- Francesco Saverio
- Paolo Miki
- Matteo Ricci

LEGGIAMO LE FONTI
- La vita del missionario

leggiamo le fonti

Francesco Saverio: coltivare nella fede

Noi siamo passati per villaggi cristiani, la cui cristianizzazione risale a otto anni fa. Questi paesi (nell'India meridionale) non sono abitati dai portoghesi perché la terra è straordinariamente sterile e povera. Poiché i cristiani di queste regioni non hanno nessuno che possa istruirli nella fede, sono completamente ignoranti e non sanno dire altro che essi sono cristiani. Nessuno ha mai celebrato la messa presso di loro, nessuno ha mai insegnato loro le preghiere e i comandamenti di Dio!

Appena giunsi in questi villaggi, battezzai tutti i bambini non ancora battezzati e ce n'era un gran numero di quelli "che non sapevano distinguere la sinistra dalla destra". Dal mio ingresso nei villaggi, i bambini non mi lasciavano il tempo di recitare il breviario, di mangiare, né di dormire fin tanto che non avevo insegnato loro una preghiera! Allora io cominciai a capire che "di questi è il Regno dei cieli". E poiché non sono così scellerato da resistere a preghiere così sante, insegnai subito loro ad invocare la Santissima Trinità e spiegai loro la confessione di fede, il Pater e l'Ave. Ho trovato nei bambini un grande appoggio per la fede; sono sicuro che, se avessero qualcuno che li confermasse nella fede, diventerebbero dei buoni cristiani.

FRANCESCO SAVERIO, *Lettere e altri documenti*, Città Nuova, Roma 1991

approfondiamo...

Daniele Comboni

Nato in Veneto nel 1831 da una famiglia di umili condizioni, Daniele Comboni, divenuto sacerdote, acquistò ben presto fama di teologo. La sua vita fu un succedersi di viaggi nel continente africano, per concludersi nel 1881 a Khartum nel Sudan. I comboniani, attualmente quasi duemila, continuano a distinguersi per una vivace politica di difesa dei diritti del Terzo Mondo, con l'intento di essere al servizio dell'Africa, in particolare di farsi "voce dei senza voce", "per una critica radicale al sistema politico-economico del Nord del mondo che crea al Sud sempre nuova miseria e distrugge i valori africani più belli, autentici e profondi" (padre Alex Zanotelli, direttore dei comboniani).

Daniele Comboni, fondatore dell'ordine dei comboniani.

8 La Chiesa e la modernità

I CRISTIANI DI FRONTE AL MONDO MODERNO

Tra varie difficoltà di carattere politico, culturale e religioso, la Chiesa degli ultimi due secoli ha cercato di adeguarsi alle esigenze dell'uomo moderno.
La **Rivoluzione francese**, alla fine del Settecento, aveva sovvertito tutto il sistema politico assolutistico dell'*Ancien régime*; la **rivoluzione industriale**, sotto la spinta delle invenzioni tecnologiche e della loro applicazione ai sistemi produttivi, aveva cambiato totalmente il sistema economico e il modo di vivere; i movimenti di pensiero dell'**illuminismo** e del **liberalismo** avevano determinato lo sviluppo di una nuova visione del mondo e di una società che non si riconosceva più nei valori cristiani.

LA GRAVITÀ DELLA SITUAZIONE SOCIALE

A partire dalla metà del Settecento, dapprima in Inghilterra, poi negli altri paesi del continente europeo, la rivoluzione industriale aveva originato una situazione di **estremo** degrado sociale. La creazione delle nuove fabbriche prevalentemente vicino alle città aveva costretto gran parte degli abitanti delle campagne a trasferirsi nei nuovi centri industriali, provocando un **sovraffollamento urbano** che costringeva intere famiglie a vivere in case vecchie, fatiscenti, di pochi metri quadrati. La **situazione igienica** era **disastrosa**: l'insalubrità dell'ambiente domestico, insieme alla nocività di quello di lavoro, provocava migliaia di vittime. Rachitismo, tubercolosi, alta mortalità infantile, alcolismo erano largamente diffusi. Per contro i **salari** erano **bassi**, le **condizioni di lavoro spaventose**: l'orario in fabbrica arrivava sino a quattordici ore e lavoravano sia le donne sia i bambini. La stragrande maggioranza delle persone che risiedeva nelle città versava quindi in condizioni di **miseria**, costituendo quella nuova classe sociale chiamata **proletariato** urbano.
Non molto diversa era la situazione nelle **campagne**, dove la gran parte dei contadini non era proprietaria della terra che lavorava, ma era costituita da semplici **lavoratori salariati** (chiamati "braccianti"), che spesso dovevano spostarsi da un'azienda agricola a un'altra, senza avere neppure una casa propria.

Proletariato
È una classe sociale dal reddito molto basso, che trae sostentamento soltanto dal lavoro salariato, senza avere la proprietà dei mezzi di produzione.

Ideologia
Insieme di credenze, opinioni, valori che orientano un determinato gruppo sociale.

L'AFFERMARSI DI NUOVE IDEOLOGIE

Le **ingiustizie sociali** e le notevoli differenze di condizioni di vita tra proletariato e classi al potere indussero molti intellettuali a ricercare le cause di queste diseguaglianze, formulando delle **ideologie** che permettessero anche di superarle.
Queste nuove ideologie, principalmente **il socialismo e il marxismo**, avevano in comune un **atteggiamento ostile verso la Chiesa**, considerata alleata delle classi dominanti, e **verso la religione**, vista come lo strumento con cui le classi dominanti mantenevano sottomesse le classi più umili.

leggiamo le fonti

Il degrado sociale

La vita degli operai in fabbrica era nell'Ottocento molto dura: 15-16 ore di lavoro al giorno, una disciplina severissima, infortuni e malattie, una paga misera e sempre la paura di restare senza lavoro per la chiusura della fabbrica. Una vita del genere non giovava di certo all'educazione dei figli e alla pace familiare, né alla salute fisica. La cattiva alimentazione, l'eccesso di fatica, le pessime condizioni igieniche provocavano gravi danni ai giovani operai, "ancora bambini a vent'anni, già vecchi a trenta", come diceva lo scrittore francese Victor Hugo parlando degli operai di Lilla. Per le stesse ragioni si diffondevano gravi malattie, come la tubercolosi e il colera, che mietevano vittime a migliaia.
Le abitazioni malsane aggravavano la situazione. Nei centri industriali avidi speculatori costruivano interi lotti di case per quattro soldi, che affittavano a caro prezzo a chi dalla campagna veniva a lavorare in fabbrica. In altri casi gli stessi industriali facevano costruire per i loro operai grandi caseggiati popolari, vere e proprie "caserme della miseria". I più poveri di tutti finivano per ammucchiarsi in gelide soffitte o in umide cantine.

G. Solfaroli Camillocci, *Io nella storia,* vol. 2, SEI, Torino 2008

approfondiamo...

Socialismo e marxismo di fronte al degrado sociale

Il socialismo vide nella proprietà privata l'origine di tutti i mali della società, e indicò come rimedio fondamentale quello di mettere in comune tra gli uomini tutti i beni.
Il marxismo, teoria elaborata dal filosofo tedesco Karl Marx (1818-1883), considerava la storia umana come storia della lotta di classe, cioè come storia delle successive lotte per la conquista del potere da parte delle diverse classi sociali. La vittoria finale del proletariato avrebbe condotto a una società comunista, cioè senza classi sociali, in cui tutti gli uomini avessero pari dignità.

GALLERY

Giuseppe Pellizza da Volpedo, *Il Quarto Stato*, 1898-1901; Milano, Galleria d'Arte Moderna. Il dipinto raffigura un gruppo di lavoratori in marcia e il titolo allude alla componente proletaria della società.

9 La vocazione sociale della Chiesa

LA CHIESA RACCOGLIE LE NUOVE SFIDE

Il **rifiuto aperto della religione** e le **condizioni di estremo degrado in cui versava il proletariato** furono le sfide che la Chiesa dovette e seppe raccogliere. L'affermazione sempre più radicata dell'idea che ci debba essere separazione tra Chiesa e Stato, tra potere spirituale e potere temporale, aiutò i cristiani a **distinguere il campo ecclesiale da quello civile**.

Di fronte ai gravi problemi sociali, la "base" della Chiesa diede luogo dal punto di vista pratico a una serie di **iniziative assistenziali e caritative**, ispirate da un sentimento religioso del tutto disinteressato e volto ad **alleviare le sofferenze dei più poveri**. Laici e sacerdoti diedero vita a opere assistenziali, alcune delle quali tutt'oggi esistenti, come quella organizzata da **Giuseppe Cottolengo**.

L'ATTENZIONE PER I GIOVANI

Nella prima metà del XIX secolo **il mondo giovanile delle città**, in forte espansione urbanistica e demografica a causa dell'intensa immigrazione dalle campagne, era tormentato da **gravi problemi quali l'analfabetismo, la disoccupazione, il degrado morale e la mancata assistenza religiosa**. A Torino **Giovanni Bosco** prese a cuore l'educazione dei giovani. La sua popolarità si è diffusa in tutti i continenti, là dove sono arrivati i suoi **salesiani** (che costituiscono la congregazione religiosa contemporanea più diffusa), portatori del suo carisma e della sua operosità.

CRISTIANESIMO E SOCIETÀ INDUSTRIALE

Se la presa di coscienza da parte cattolica dei **problemi sociali** posti dal mondo moderno partì dal basso, ben presto anche la gerarchia ecclesiastica divenne attenta ai mali del secolo. Nel 1878 fu eletto papa **Leone XIII**, che si mostrò sensibile non solo verso i sofferenti, incoraggiando con tutti i mezzi le iniziative sociali di natura religiosa, ma anche verso le nuove esigenze del mondo moderno. Nel 1891 con l'**enciclica** *Rerum Novarum* (Le cose nuove) tracciò le linee del comportamento cristiano nella società industriale:

- ai lavoratori chiese di rispettare le gerarchie sociali e la proprietà privata;
- ai padroni raccomandò di non calpestare la dignità umana dei lavoratori, di concedere salari equi e tali da consentire un tenore di vita dignitoso, case e ambienti di lavoro igienici, e di promuovere iniziative assistenziali.

Nell'enciclica *Rerum Novarum* veniva quindi ribadito il **diritto naturale di proprietà privata** (osteggiato, invece, a quell'epoca dal socialismo), ma ne era anche sottolineata la **funzione sociale**. Veniva **condannata la lotta di classe**, ma era riconosciuto agli operai il **diritto di riunirsi per difendere i loro diritti**, anche in associazioni formate esclusivamente dagli operai, di cui era incoraggiato lo spirito di aggregazione.

Enciclica
Dal greco *enkýklios*, "circolare", è una lettera, abitualmente redatta in latino e intitolata con le prime due parole del testo, che il Papa rivolge ai vescovi o ai fedeli.

RISORSE DIGITALI

ANIMAZIONE
- Se c'è conflitto, allora non c'è amore?

APPROFONDIAMO...
- Leone XIII

LEGGIAMO LE FONTI
- La "terza via"

approfondiamo...

L'opera caritativa e assistenziale di Giuseppe Cottolengo

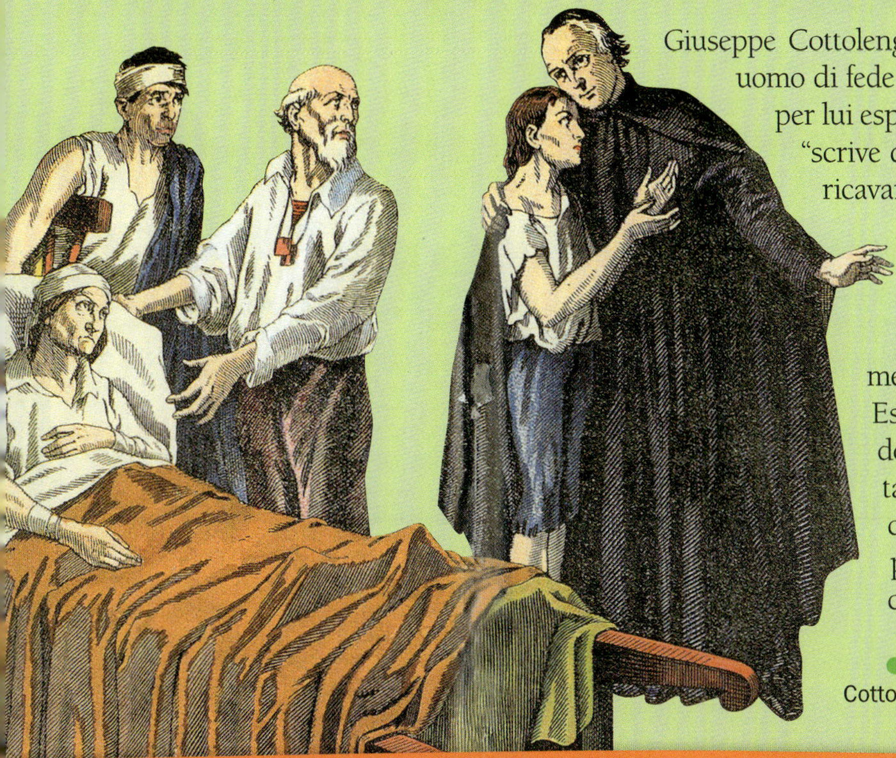

Giuseppe Cottolengo, nato a Bra nel 1786, sacerdote dal 1811, uomo di fede incrollabile, era convinto che la Provvidenza, per lui espressione dell'amore paterno e materno di Dio, "scrive diritto sulle righe storte degli uomini", cioè sa ricavare il bene dal male. L'opera assistenziale ospedaliera da lui intrapresa con l'esperienza dell'ospedaletto della Volta Rossa a Torino, e via via ampliatasi con strutture sempre più organizzate e capaci, si distinse nettamente da tutte le opere caritative del suo tempo. Essa fu sensibile e aperta a tutte le forme più dolorose di emarginazione e solitudine, diventando un punto di riferimento per chi viveva ai margini della società, per i malati di mente, per persone colpite da gravi deformazioni.

SEGUE

Un malato assistito da Giuseppe Cottolengo in un'immagine devozionale.

leggiamo le fonti

L'azione educativa di Giovanni Bosco

Giovanni Bosco (1815-1888) ha dedicato tutta la sua vita all'educazione dei ragazzi. La sua era una pedagogia che si basava sull'accoglienza, sulla presenza, sul coinvolgimento e sulla responsabilizzazione, di gruppo e individuale.

SEGUE

- La prima felicità per un fanciullo è di sapersi amato.
- I giovani non solo siano amati, ma essi stessi conoscano di essere amati.
- Io ritengo che senza religione nulla si può fare di buono tra i giovani.
- Chi ha vergogna di esortare alla pietà, è indegno di essere maestro.
- In ogni giovane, anche il più disgraziato, vi è un punto accessibile al bene, ed è dovere primo dell'educatore ricercarlo.
- Il maestro visto solo in cattedra è maestro e non più. Ma se va in ricreazione con i giovani, diventa come fratello.
- In educazione nulla di solido ci sarà mai, finché il giovane non abbia abbandonato il cuore alla confidenza.
- Ricordatevi che l'educazione è cosa del cuore.

Il mio sistema educativo? Semplicissimo: lasciare ai giovani piena libertà di fare le cose che loro maggiormente aggradano. Il punto sta nello scoprire in essi i germi delle loro buone disposizioni e procurare di svilupparli. E poiché ognuno fa con piacere soltanto quello che sa di poter fare, io mi regolo con questo principio, e i miei allievi lavorano tutti non solo con impegno, ma con amore.

P. Braido, *Don Bosco prete dei giovani nel secolo delle libertà*, LAS, Roma 2009

San Giovanni Bosco rassicura un fanciullo.

GALLERY

approfondiamo...

I problemi sociali ieri e oggi

A partire dalla metà del Settecento, dapprima in Inghilterra, poi negli altri paesi del continente europeo, la rivoluzione industriale aveva originato una situazione di estremo degrado sociale. La creazione delle nuove fabbriche, prevalentemente nelle città, aveva costretto gran parte degli abitanti delle campagne a trasferirsi nei nuovi centri industriali, provocando un sovraffollamento urbano che costringeva intere famiglie a vivere in case vecchie e fatiscenti. La situazione igienica era disastrosa: le case erano senza servizi adeguati, l'ambiente di lavoro era spesso molto nocivo, e l'insieme delle due cose provocava migliaia di vittime. I salari erano bassi, le condizioni di lavoro spaventose: l'orario in fabbrica era di quattordici ore e lavoravano sia le donne sia i bambini. Oggi la situazione del Nord del mondo è completamente cambiata, ma questo non ha significato purtroppo un miglioramento diffuso anche negli altri paesi. Il Sud del mondo si trova attualmente in una condizione di degrado, travolto da fame, carenza d'acqua, povertà, malattie, spesso tormentato da guerre e guerriglie, e non riesce a risollevare la sua condizione generale. Le responsabilità del Nord del mondo sono gravissime. La disparità tra Sud e Nord determina già da molti anni l'abbandono delle terre del Sud per raggiungere in condizioni precarie ed estreme il Nord, ma senza ottenere una situazione di dignità umana e lavorativa. A questo si aggiunge la reazione intollerante e razzista che i paesi del Nord riservano a chi arriva in condizioni disperate. Ancora oggi la disparità economica crea condizioni socialmente inaccettabili, che conducono a tensioni e a violenze.

La povertà dei lavoratori

Fotografia della seconda metà dell'Ottocento che ritrae una famiglia in un quartiere operaio di Londra.

La discriminazione razziale

Scale riservate solo ai non europei in Sudafrica negli anni 1946-1959.

Una tragedia sociale

In un ambiente desolato, accanto al bracciante morto, il figlio in fasce e la madre disperata davanti al focolare spento.

Teofilo Patini, *L'erede*, 1880; Roma, Galleria Nazionale d'Arte Moderna.

Traffico di uomini e merci

Un camion stracolmo, organizzato dai trafficanti di uomini, passa per i territori della Nigeria.

Le "carrette del mare"

Ogni anno migliaia di immigrati africani muoiono in mare cercando di raggiungere le coste italiane.

Sfruttamento dei bambini

Due esempi di sfruttamento dei bambini: un bambino congolese è costretto a lavorare e uno del Kosovo a combattere.

Il razzismo è d'attualità

Una casa di immigrati turchi incendiata e occupata da gruppi razzisti.

Il villaggio di cartone

Un anziano sacerdote assiste sconsolato allo sgombero della sua chiesa dismessa, che diventa rifugio di un gruppo di clandestini. Dopo un primo momento di sconforto, il sacerdote riscopre il significato della missione sacerdotale. Aiutando i bisognosi e gli emarginati ritrova il valore della fede e della carità.

Titolo originale: Il villaggio di cartone
Genere: Drammatico
Regia: Ermanno Olmi
Interpreti principali: Michael Lonsdale, Rutger Hauer, Alessandro Haber, Massimo De Francovich, Elhadji Ibrahima Faye
Origine: Italia, 2011
Durata: 87 minuti

1

LA SPOLIAZIONE
Dopo cinquant'anni di sacerdozio svolto sempre nella stessa chiesa, un anziano prete viene messo a riposo e l'edificio sacro viene sconsacrato. La ditta incaricata smonta e porta via tutto, anche il crocifisso. Il sacerdote cerca di rimanere abbarbicato all'altare, come a una speranza impossibile. Ma il sacrestano, portatore nel film di una visione realistica della vita, lo convince a desistere.

2

SOLO, DINNANZI AL VUOTO
Solo, nella notte, in una chiesa vuota e senza più luci, il sacerdote parla a una folla che non esiste più. Il vuoto della chiesa è però il vuoto che sente nella sua anima, il dubbio, che ha sempre percepito sordamente e che non ha mai voluto ammettere, cancellato dalla presenza di gente e di cose. Che senso ha avuto la sua fede, il suo sacerdozio?

3

LA VOCE DELLA STORIA
Rumori di elicotteri e di armi da fuoco. C'è stato un altro sbarco di clandestini, che ora, ricercati dalla polizia, cercano rifugio nella chiesa abbandonata. Con loro ci sono donne, bambini, feriti. Non è più tempo di stare a pensare. Occorre agire, dare ospitalità a quell'umanità dolente, fare del bene. Il sacerdote ritrova il senso profondo della fede e dell'amore per gli altri.

4

IL VILLAGGIO DI CARTONE

I clandestini con vecchie panche, qualche asse, del cartone, dei teli costruiscono all'interno della chiesa il loro villaggio provvisorio. Gli avvenimenti che si susseguono all'interno della chiesa ricordano quelli del Vangelo: c'è l'intellettuale pacifista, che predica come Gesù e crede che la Parola possa cambiare il mondo, e c'è anche il guerrigliero, che, al contrario, vuole cambiare la realtà con le armi.

5

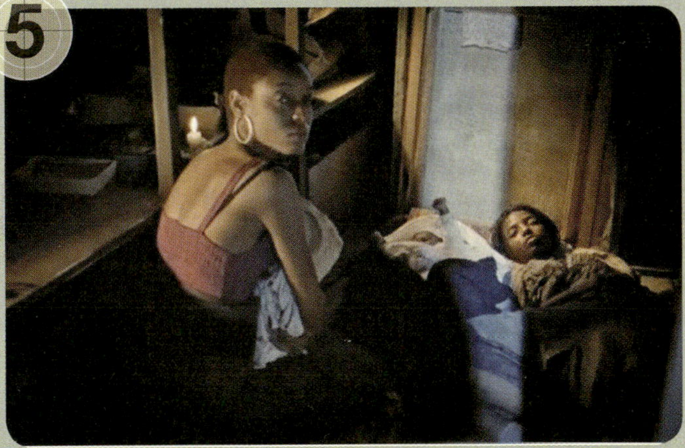

IL VANGELO DI OGGI

Ci sono poi la donna che ha appena partorito, come Maria, e la prostituta che disobbedirà all'ordine dell'estremista islamico di uccidere quella mamma, che ha appena generato un figlio illegittimo offrendo in cambio il proprio sangue e rispondendo: "Questa non è la legge di Dio, ma la legge di te e quelli come te, che condannate per una colpa non sua".

6

L'IRA DEI GIUSTI

Il nuovo Giuda, il nuovo Caino si trova: è il sagrestano, che fa entrare la polizia per arrestare i clandestini. Il sacerdote, preso dallo sdegno, colpisce a ombrellate l'ufficiale di polizia, lo fa desistere, e mentre questi esce con i suoi uomini lo apostrofa: "Anche tu dovrai rendere conto a Dio e agli uomini della tua stupidità!".

7

LA CARITÀ

Le ore nella chiesa sono solo una tappa per i rifugiati, che partono, ciascuno incontro al proprio destino. Mentre si chiudono le porte della chiesa, in sovrimpressione appare la scritta: "o noi cambiamo il corso impresso alla Storia o sarà la storia a cambiare noi". Un appello alla solidarietà e alla fratellanza, che per i cristiani significa amare il prossimo nello stesso modo in cui Gesù ha amato.

10 La Chiesa tra le due guerre mondiali

LA CRITICA AI TOTALITARISMI DEL NOVECENTO

L'"inutile strage", come fu definita da papa Benedetto XV la **prima guerra mondiale**, sconvolse non solo le nazioni, ma anche le coscienze, determinando un clima di incertezza in cui nacquero **movimenti violenti e autoritarismi**.
I rapporti di papa **Pio XI** con il dittatore fascista **Benito Mussolini** e quello nazista **Adolf Hitler** furono contrassegnati da tormentati incontri e scontri. La degenerazione sempre più evidente dei due regimi spinse il Papa a scrivere due encicliche *Non abbiamo bisogno* e *Mit brennender Sorge* (Con viva cura), in cui espresse le **posizioni critiche della Santa Sede contro il fascismo** (29 giugno 1931) **e il nazismo** (14 marzo 1937). Con la prima prese ferma posizione contro Mussolini, quando il dittatore volle sopprimere l'Azione Cattolica per monopolizzare tutto l'operato educativo attraverso l'Opera Nazionale Balilla, e questo permise di riaprire, seppure con restrizioni, i circoli cattolici. In occasione dell'emanazione delle leggi razziali italiane del 1938, Pio XI dichiarò pubblicamente di vergognarsi di essere italiano.
Con un'altra enciclica, *Quas primas* (Nella prima; 1925), il Papa contrappose con chiarezza l'**eterno Regno di giustizia di Gesù Cristo** ai **provvisori regni terreni** instaurati dai regimi dittatoriali, sollecitando i cattolici ad agire sul piano caritativo e culturale per alleviare le sofferenze materiali e spirituali dei popoli in balìa di questi regimi.

IL DRAMMA DELLA SECONDA GUERRA MONDIALE

La **seconda guerra mondiale** spinse l'uomo a livelli di inaudita barbarie e a punte di brutalità che tuttora rimangono nella memoria collettiva come monito. Per la Chiesa, guidata da **Pio XII**, fu un **periodo difficilissimo** e neppure l'autorità del Papa e gli interventi di alcuni episcopati riuscirono a mutare le sorti del conflitto e a salvare il popolo ebraico dal **genocidio**.

Genocidio
Composto dal greco *génos*, "stirpe" e dal latino *-cidium* di (*homi*)*cidium*, "omicidio" da *caedere*, "colpire a morte", indica lo sterminio di un gruppo etnico o religioso.

LA TESTIMONIANZA DELLA FEDE

Anche nei momenti più terribili **alcuni cristiani testimoniarono la loro fede e per essa subirono il martirio**. Questo atteggiamento si colloca **in continuità con la Chiesa delle origini**: da sempre, infatti, i cristiani più ferventi, coerentemente al Vangelo, hanno dato testimonianza della loro fede, anche a prezzo della vita. Ricordiamo, tra gli altri, il cappellano antinazista **Dietrich Bonhoeffer**, morto nel campo di Flossenbürg; padre **Massimiliano Kolbe**, ucciso ad Auschwitz; e la filosofa **Edith Stein**, anch'essa morta ad Auschwitz.

RISORSE DIGITALI

APPROFONDIAMO...
- Pio XI
- Massimiliano Kolbe
- Edith Stein
- Le deportazioni naziste

LEGGIAMO LE FONTI
- Soffrire come uomini liberi

approfondiamo...

Dietrich Bonhoeffer

Bonhoeffer nacque in una famiglia dell'alta borghesia berlinese e studiò teologia a Tubinga, a Berlino e a New York. Quando nel 1933 Hitler salì al potere, Bonhoeffer, cappellano degli studenti e assistente all'università di Berlino, si unì ai pastori antinazisti. Svolse attività pastorale in Germania, in Spagna, in America e per un breve periodo in Inghilterra. Fu arrestato nel 1943 e condotto nel campo tedesco di Flossenbürg (dove morì l'anno successivo), perché coinvolto nel passaggio clandestino di quattordici ebrei in Svizzera. Le idee di Bonhoeffer hanno influenzato molti movimenti e dato valore alla resistenza cristiana alla guerra e ai regimi repressivi, soprattutto al concetto tradizionale di sequela di Cristo, fino al martirio. Scrisse molte opere, alcune pubblicate dopo la sua morte, come le *Lettere dal carcere, Etica* e una raccolta di scritti in sei volumi.

Dietrich Bonhoeffer.

leggiamo le fonti

Massimiliano Kolbe

Il 28 maggio 1941 padre Massimiliano Kolbe giunse prigioniero ad Auschwitz e da qui scrisse una lettera alla madre:

Cara mamma, verso la fine del mese di maggio sono giunto con un convoglio ferroviario nel campo di concentramento di Auschwitz. Per me, va tutto bene. Amata mamma, sta' tranquilla per me e la mia salute, perché il buon Dio c'è in ogni luogo e con grande amore pensa a tutti e a tutto. Sarebbe bene non scrivermi prima che io ti mandi un'altra lettera, perché non so quanto tempo rimarrò qui. Con cordiali saluti e baci.

Massimiliano Kolbe.

Due mesi prima di morire, offrendo la propria vita per salvare un prigioniero, scrisse la sua ultima missiva:

Soffrire, lavorare e morire da cavalieri, non di una morte comune ma, per esempio, con una pallottola in testa, suggellando il nostro amore per l'Immacolata, spargendo da vero cavaliere il proprio sangue fino all'ultima goccia, per affrettare la conquista del mondo intero a Lei. Io non conosco nulla di più sublime.

Ai compagni di prigionia padre Kolbe ripeteva:

L'odio non è forza creativa; solo l'amore crea [...]. Queste sofferenze non ci spezzeranno, ma ci aiuteranno a diventare sempre più forti. Sono necessarie, insieme ai sacrifici degli altri, perché chi verrà dopo di noi possa essere felice.

Così egli chiese di prendere il posto di uno sconosciuto padre di famiglia nel bunker della morte: la carità cristiana gli imponeva di restituire all'affetto della moglie e dei figli un povero papà e di accompagnare con la sua azione sacerdotale gli altri nove sfortunati compagni all'abbraccio con il Padre celeste.
Giorgio Bielecki, anch'egli prigioniero ad Auschwitz, scrisse:

Per tutto il campo si sparse la voce della generosa offerta di quest'uomo, che aveva donato la sua vita per salvare un altro uomo. Ci rendemmo conto che qualcuno tra di noi, in quella oscura notte spirituale dell'anima, aveva innalzato la misura dell'amore fino alla vetta più alta [...]. Dire che padre Kolbe morì per uno di noi o per la famiglia di quella persona sarebbe riduttivo. La sua morte fu la salvezza di migliaia di vite umane. E in questo, potrei dire, sta la grandezza di quella morte.

11 Il dialogo ecumenico

UNA NUOVA COMUNIONE TRA LE CHIESE

Negli ultimi quarant'anni le diverse Chiese cristiane hanno compiuto **grandi sforzi per una maggiore comprensione reciproca**, con la volontà di esaltare gli elementi che accomunano. È cominciato un cammino lento e faticoso di riavvicinamento finalizzato a **superare le secolari divisioni tra i cristiani**. Nel 1938 nacque il Consiglio Ecumenico delle Chiese (CEC) che riunisce più di 320 confessioni cristiane. La Chiesa cattolica non ne fa parte ufficialmente, ma collabora alle iniziative ed è membro di alcuni organismi ecumenici.

L'ECUMENISMO DELLA CHIESA CATTOLICA

L'**ecumenismo** della Chiesa cattolica ha il suo fondamento in due documenti del Concilio Vaticano II (vedi p. 148): la Dichiarazione sulla libertà religiosa (*Dignitatis humanae*) e il Decreto sull'ecumenismo (*Unitatis redintegratio*), cui hanno fatto seguito nel 1993 il Direttorio vaticano per l'ecumenismo e nel 1995 l'enciclica *Ut unum sint* (L'impegno ecumenico) di Giovanni Paolo II.
Nel discorso papale per la Quaresima del 2000, tra le varie colpe di cui la Chiesa cattolica ha chiesto perdono, sono stati indicati anche i "peccati che hanno compromesso l'unità del corpo di Cristo: scomuniche, persecuzioni, divisioni". Molta strada è stata fatta durante gli anni del pontificato di papa **Paolo VI** e specialmente durante il pontificato di papa **Giovanni Paolo II** per **favorire l'unità e la promozione del dialogo**. Anche **Benedetto XVI**, sin dal suo primo messaggio, ha sottolineato il proprio impegno primario, come successore di Pietro, a lavorare per la **ricostituzione della visibile unità di tutti i seguaci di Cristo**. Già in precedenza, in qualità di prefetto della Congregazione per la Dottrina della Fede, era stato uno dei principali fautori e sostenitori della *Dichiarazione congiunta tra la Chiesa cattolica e la Federazione luterana mondiale sulla dottrina della giustificazione per la fede*, firmata ad Augusta il 31 ottobre 1999.

Ecumenismo
Il termine deriva dal greco *oikouméne*, "tutta la terra abitata", e riguarda la riunione di tutti i cristiani in una sola fede e Chiesa visibile. Il movimento ecumenico è l'insieme delle iniziative che nel corso della storia più recente sono state intraprese per ripristinare l'unità dei cristiani attraverso il dialogo fra tutte le Chiese.

DUE ESPERIENZE DI ECUMENISMO

Presso **Taizé**, in Borgogna (Francia), vi è la **comunità monastica della Riconciliazione**, fondata nel 1949 da Roger Schutz, divenuta centro spirituale di pellegrinaggi e di incontri internazionali. Gli appartenenti a questa comunità, provenienti da ogni confessione cristiana, testimoniano la possibilità di una vita quotidiana armonica nella preghiera e nel lavoro fondata sulla fede nell'unico Cristo.
A **Bose**, sulla collina tra Ivrea e Biella, nel 1968, sotto la guida di **Enzo Bianchi**, è nata l'omonima comunità, in cui cristiani di diversa confessione lavorano per un **dialogo interconfessionale** volto a ritrovare le radici comuni del Vangelo, in una vita comunitaria di tipo cenobitico, segnata dal lavoro, dalla preghiera comune, dalla lettura dei Padri della Chiesa e dalla meditazione.

RISORSE DIGITALI

APPROFONDIAMO...
- L'esperienza di Taizé
- La comunità di Bose

LEGGIAMO LE FONTI
- Benedetto XVI e il dialogo ecumenico
- Non esiste ecumenismo senza "conversione del cuore"

approfondiamo...

La promozione del dialogo

Ogni anno, dal 18 al 25 gennaio, i cristiani di tutte le confessioni celebrano la "Settimana ecumenica di preghiera per l'unità dei cristiani". Sono giorni in cui i cattolici, i protestanti, gli ortodossi e gli anglicani pregano insieme perché si avvicini il giorno in cui tutti possano riconoscersi nella stessa Chiesa di Gesù Cristo Nostro Signore, il Salvatore.
La Settimana di preghiera fu introdotta nel 1908 da padre P. Wattson, fondatore di una comunità religiosa anglicana che entrò in seguito nella Chiesa cattolica. L'iniziativa venne approvata da papa Pio X ed è stata ancora recentemente incoraggiata da papa Benedetto XV.

SEGUE

● Con un'iniziativa senza precedenti, Giovanni Paolo II radunò nel 1986 e nel 2002 ad Assisi i rappresentanti delle grandi religioni del mondo a pregare per la pace. Nella fotografia, un momento dell'incontro del 1986.

leggiamo le fonti

L'unità dei seguaci di Cristo

Per movimento ecumenico si intendono le attività e le iniziative suscitate e ordinate a promuovere l'unità dei cristiani, secondo le varie necessità della Chiesa e secondo le circostanze. Così, in primo luogo, ogni sforzo per eliminare parole, giudizi e opere che non rispecchiano con giustizia e verità la condizione dei fratelli separati e perciò rendono più difficili le mutue relazioni con essi. Poi, in riunioni che si tengono con intento e spirito religioso tra cristiani di diverse Chiese o comunità, il "dialogo" condotto da esponenti debitamente preparati, nel quale ognuno espone più a fondo la dottrina della propria comunione e ne presenta con chiarezza le caratteristiche. Infatti con questo dialogo tutti acquistano una conoscenza più vera e una stima più giusta della dottrina e della vita di ogni comunione. Inoltre quelle comunioni vengono a collaborare più largamente in qualsiasi dovere richiesto da ogni coscienza cristiana per il bene comune, e possono anche, all'occasione, riunirsi per pregare insieme. Infine, tutti esaminano la loro fedeltà alla volontà di Cristo circa la Chiesa e, com'è dovere, intraprendono con vigore l'opera di rinnovamento e di riforma.

Concilio Vaticano II, *Unitatis redintegratio*, n. 4

● L'incontro tra Kobia, segretario generale del Consiglio ecumenico delle Chiese, e papa Benedetto XVI, 16 giugno 2005.

approfondiamo...

L'immagine di Maria, madre di Gesù, madre della Chiesa

L'iconografia cristiana vede prevalere, dopo le varie raffigurazioni di Gesù, tutta la serie di rappresentazioni che hanno come soggetto la Madonna. Nel repertorio figurativo delle religioni antiche c'era sempre tra le divinità più importanti una figura femminile, vista con forme che rimandavano direttamente alla maternità.

La tenerezza materna

La religione cristiana si trovò nella necessità di dare vita anch'essa a un tipo di figurazione che esprimesse il concetto della maternità. Nei primi secoli del cristianesimo questa concezione "materna" di Maria ebbe difficoltà a esprimersi, in quanto visse il travaglio delle dispute teologiche intorno alla natura (divina o umana o ambedue) di Gesù, che di riflesso investivano anche la natura della Madonna.

Madre di Dio della Tenerezza di Kuben, icona del XIV secolo; Museo di Vologda (Russia).

La Vergine in trono

L'immagine della Madonna con il Bambino in braccio rimane fissata nell'arte delle icone bizantine e russe per secoli e secoli, tanto da essere riprodotta immutata anche nelle icone di produzione attuale.
Un primo sviluppo dell'iconografia mariana si ebbe in Occidente intorno al VII secolo, con la diffusione della maestosa effigie della Vergine in trono con il Bambino, derivata dall'arte bizantina. Tale diffusione ebbe uno scopo anche dottrinale, teso a confutare l'eresia nestoriana secondo cui Maria non poteva essere definita "madre di Dio", in quanto solo madre di Gesù nella sua natura fisica.

La Vergine sul portale della facciata ovest della Cattedrale di Reims, 1240-1290. Questa particolare raffigurazione della Vergine con il libro è detta della *Vergine Sapientissima*, e segna l'ingresso a pieno titolo della Madonna nel novero delle autorità teologali della Chiesa, nonostante la sua natura di donna. Ricordiamo che in parallelo in questo periodo si hanno le prime donne "Dottore della Chiesa", come santa Caterina da Siena.

La Sapienza di Maria

Un nuovo forte impulso per il culto della Vergine si ebbe nei secoli XII e XIII, tanto da meritare la definizione di "mariolatria". Sono questi i tempi in cui l'immagine della Madonna in trono con il Bambino in braccio divenne onnipresente nelle chiese e anche nei dipinti devozionali di uso domestico, prendendo il nome di *Majestas Mariae* (*Madonna in Maestà*, cioè in trono, analogamente alle figure del *Cristo in Maestà*). Questo ardore religioso, che accompagnava il periodo delle crociate, fu particolarmente intenso in Francia, dove numerose cattedrali (ad esempio quella di Parigi) furono intitolate proprio alla Madonna. L'arte francese del Medioevo ha trattato la figura della Madonna specialmente nella scultura, nei bassorilievi che fanno parte della decorazione delle cattedrali.

Questa Madonna (XV-XVI secolo) all'apparenza è una madre con il bambino in braccio. In realtà all'interno racchiude Cristo in croce sorretto dal Padre e adorato dal popolo di Dio, per sottolineare il concetto secondo cui Cristo si è incarnato nel grembo della Vergine all'unico scopo di morire per gli uomini.

La Madre di Dio

Nella pittura toscana del Trecento la maternità della Vergine è stata raffigurata con tipologie che vanno dalla semplice Madonna con il Bambino in braccio, fino alla stessa Madonna in trono accompagnata da una schiera di santi e angeli, generalmente nella forma del polittico, cioè della tavola centrale dipinta accompagnata da altre tavole laterali. Una trasformazione di questa iconografia si ebbe nel Quattrocento e nel Cinquecento, quando il polittico fu sostituito dal quadro unico (la cosiddetta "pala") posto sopra l'altare. Qui i santi, anche di epoche diverse, appaiono raggruppati attorno alla Madonna con il Bambino, con il maggiore di essi a indicare il santo cui è dedicata la chiesa, oppure il santo protettore della città, o di colui che offriva il quadro alla chiesa, oppure il santo fondatore dell'ordine monastico cui la chiesa apparteneva.

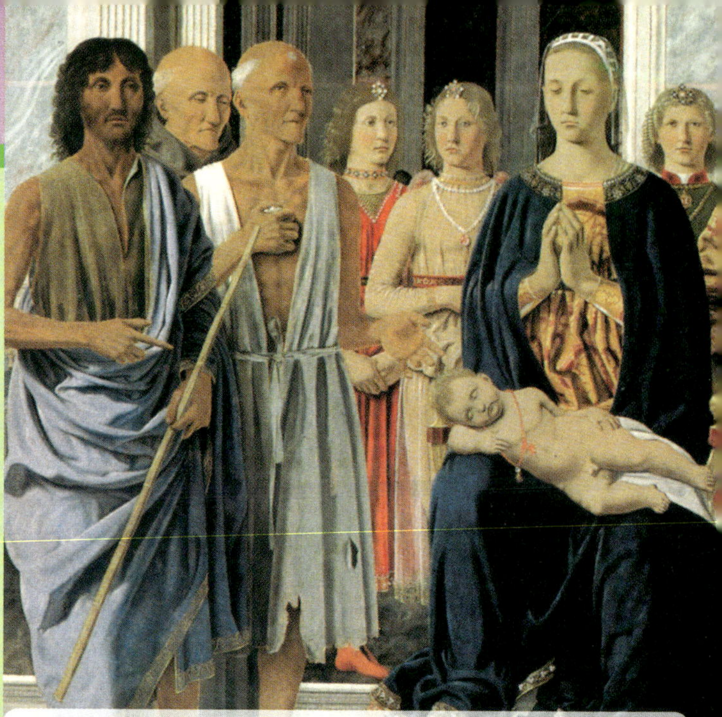

Piero della Francesca, *Sacra conversazione*, particolare, 1472-1474; Milano, Pinacoteca di Brera. È la cosiddetta "pala di Brera", in cui è raffigurato il committente, il duca Federico da Montefeltro, a destra, inginocchiato e con l'armatura. Sulla sinistra stanno i santi Bernardino da Siena (al quale era dedicata la chiesa di Urbino cui il dipinto era destinato), san Gerolamo e san Giovanni Battista. Sulla destra notiamo san Francesco che mostra i segni delle stimmate.

Pietro Lorenzetti, *Madonna in trono col Bambino*, 1340; Firenze, Galleria degli Uffizi.

Raffaello Sanzio, *Madonna della seggiola*, 1512-1514; Firenze, Palazzo Pitti. Le Madonne con il Bambino di età medievale hanno ancora un che di rigido, di ieratico e solenne. A partire dal Cinquecento prevale invece l'aspetto sentimentale, di partecipazione emotiva, di tenero slancio materno. Il principale e più prolifico artista a descrivere questa nuova versione della maternità mariana è proprio Raffaello: in questo dipinto lo sguardo di Maria e del Bambino sono rivolti direttamente allo spettatore, per invitarlo a quel rapporto fatto di tenerezza e intimità; qui appare anche san Giovanni fanciullo, che regge la croce fatta di canne, a prefigurare il suo futuro di Battista.

Simone Martini, *Polittico*, 1319; Pisa, Museo Nazionale di San Matteo.

La Vergine Regina

L'arricchimento della figura mariana dimostra come il suo culto abbia assunto importanza sempre maggiore, fino a estendersi a una maternità "allargata" a tutta la Chiesa, accompagnandosi nel contempo a una maggiore ufficialità, in quanto preposta a presiedere un consesso autorevole come quello dei santi. Quest'ultimo aspetto ci è mostrato anche dal diffondersi del tema dell'*Incoronazione della Vergine*, tema devozionale che vuole rappresentare in Maria la personificazione della Chiesa stessa. Nella versione più comune la Madonna siede accanto a Cristo, oppure è inginocchiata accanto a Lui, che le pone in capo una corona.

Jacopo Torriti, *Incoronazione della Vergine*, mosaico, 1295; Roma, Basilica di Santa Maria Maggiore.

Nicolas Poussin, *Assunzione della Vergine*, 1650; Parigi, Louvre.
Quest'opera ebbe un'immensa fortuna tra il XVII e il XIX secolo e numerose furono le copie e le stampe. È da notare la naturalezza con cui Poussin rappresenta l'ascesa della Vergine con il sostegno degli angeli. Sullo sfondo, nella parte bassa della tela, il pittore ha raffigurato Gerusalemme.

L'assunzione in cielo

Altre figurazioni, che presentano un carattere più teologico che di devozione popolare, sono quelle dell'*Assunzione della Vergine*, che raffigura il rapimento in cielo della Madonna in anima e corpo a tre giorni dalla sua morte. Questa credenza non trova riscontri nelle Sacre Scritture, bensì nei Vangeli apocrifi del III e IV secolo, i quali hanno poi dato vita a una tradizione consolidata nell'ambito della Chiesa, tanto che l'Assunzione venne proclamata articolo di fede da papa Pio XII nel 1950. Il racconto dell'episodio si trova nella *Legenda aurea*, una raccolta di vite di santi e di episodi del Vangelo scritta nel XIII secolo dal frate domenicano Jacopo da Varazze: quest'opera influenzò notevolmente tutta l'arte sacra occidentale, suggerendo diversi temi figurativi. Vi si legge che, mentre gli apostoli sedevano presso il sepolcro di Maria, il terzo giorno dopo la sua morte, Gesù apparve loro con san Michele che reggeva l'anima della Madonna: "*Ed ecco l'anima tornò al corpo di Maria, e uscì gloriosamente dalla tomba, e così fu ricevuta nella camera celeste, e una grande compagnia di angeli con lei*". Spesso l'Assunta viene portata in cielo dagli angeli racchiusa in una caratteristica struttura a mandorla.

Un concepimento senza peccato

Quello dell'*Immacolata Concezione* è un soggetto figurativo che si riferisce al concepimento della Madonna, la quale, essendo stata scelta come veicolo dell'incarnazione di Cristo, doveva essere ella stessa immacolata, vale a dire, più specificamente, unica del genere umano a essere esente dal peccato originale. Questo concetto fu un nodo centrale del dibattito teologico tra XII e XIII secolo. Nei secoli seguenti la credenza ricevette da parte dei Papi il carattere di ortodossia (all'inizio del Seicento la Spagna intera fu posta sotto la tutela dell'Immacolata), fino a che nel 1854 papa Pio IX ne fece un articolo di fede.

In questo lento affermarsi del dogma dell'Immacolata, l'arte figurativa trovò con difficoltà il mezzo di esprimere un concetto così astratto, che si diffuse a partire dal Cinquecento. Ma fu proprio nella Spagna del Seicento che il tema iconografico dell'Immacolata ebbe grande fioritura, riprendendo un'immagine dell'Apocalisse, quella della donna incinta *"vestita di sole, con la luna sotto i suoi piedi e, sul capo, una corona di dodici stelle"* (Ap 12,1). Questo passo venne trasformato nella figura di una giovinetta con una veste bianca e un mantello azzurro, con le mani sul petto o giunte in preghiera; la luna doveva essere in fase di crescita (antico simbolo della castità).

Bartolomé Esteban Murillo, *L'Immacolata Concezione*, 1678 circa; Madrid, Museo del Prado.

Madre di Misericordia

All'immagine materna della Vergine, più vicina alla sensibilità popolare, rinvia il tema della *Madre di Misericordia*, che riprende il concetto medievale secondo cui l'uomo può mitigare le disgrazie che colpiscono la sua vita ponendosi sotto la protezione della Madonna. Il tema specifico della Madonna della Misericordia vede la Vergine in piedi, incoronata, con le braccia allargate a reggere un ampio mantello aperto, come fosse una tenda, sotto il quale si pongono le figurine dei devoti. Anche questo tema ha origini antiche, poiché già nell'antichità il mantello era simbolo di protezione (come l'egida di Giove), e venne poi ripreso dall'arte bizantina e medievale, spesso indossato da Cristo stesso. Il tema della Madonna della Misericordia si diffuse in Occidente nel XIII secolo specialmente ad opera degli ordini monastici, e alla Madonna della Misericordia vennero inoltre intitolate numerose confraternite laiche, votate all'assistenza ai derelitti e persino ai condannati a morte.

Francesco Granacci, *Madonna della Misericordia*, XVI secolo; Firenze, Museo dello Spedale degli Innocenti.

Una figura umana

Sotto l'impulso degli ordini minori, nel tardo Medioevo si affermò una sensibilità che avvicinava maggiormente la divinità all'esperienza umana. Così, come al Cristo trionfatore si sostituì gradatamente la figura del Cristo sofferente, anche della Madonna finiscono per essere privilegiati momenti che la rendono più vicina all'esperienza materna terrena. Si affermarono così nuovi temi. Tra questi frequente è la rappresentazione di Maria con il Bambino e un animale. In queste figurazioni con animali compare spesso anche sant'Anna, madre della Madonna e patrona delle partorienti e delle madri di famiglia, in un tema iconografico che vuole contemplare le tre generazioni: la madre di Maria, Maria, il Bambino Gesù. Ne abbiamo un esempio stupendo nel dipinto di Leonardo (qui a lato), dove Gesù gioca con l'agnello, simbolo della sua futura passione, come a prefigurare quello che sarà il suo destino.

Leonardo da Vinci, *Sant'Anna, la Madonna e il Bambino*, 1510 circa; Parigi, Louvre.

Una donna tra le altre

Altro tema mariano di grande simpatia è quello della *Madonna del roseto*, affermatosi nel tardo Medioevo, in cui Maria veniva raffigurata entro un graticcio coperto di rose, simbolo quelle rosse del sangue dei martiri, quelle bianche della purezza della Vergine, definita anche "Rosa senza spine". Talvolta, invece, la Madonna è seduta in terra, spesso su di un cuscino, e allatta Gesù Bambino, come nella *Madonna dell'Umiltà*. Infine, un'altra raffigurazione direttamente connessa con la maternità mariana è quella della cosiddetta *Madonna del Parto*.

Maestro delle Tempere francescane, *Madonna dell'Umiltà*, XV secolo; Napoli, Museo di Capodimonte.

Michelino da Besozzo, *Madonna con il Bambino in giardino*, o *Madonna del roseto*, 1404-1418; Verona, Museo di Castelvecchio.

Maestro della Madonna del parto, *Madonna del parto e due devoti*, XIV secolo; Venezia, Gallerie dell'Accademia.

Come Gesù, anche la Madonna è stata rappresentata con la fisionomia dei popoli che le sono devoti. Sopra è raffigurata in un dipinto Koreano, a destra in una scultura cinese.

Raffaello Sanzio, *Madonna del Prato*, 1505-1506; Vienna, Kunsthistorisches Museum.

Una madre addolorata

Non si può infine ignorare l'epilogo tragico e doloroso della maternità mariana, quello del veder morire il figlio in croce, avvenimento che accomuna la Madonna a tutte le madri terrene che per i figli soffrono. I due temi più rappresentativi sono quello del cosiddetto *Compianto*, in cui la Madonna piange sul corpo di Cristo morto, deposto dalla croce, e quello della *Pietà*, in cui l'umanità del dolore si mostra nel reggere in grembo il cadavere di Gesù, come fosse tornato bambino. Sono innumerevoli le opere d'arte che rappresentano questi due temi, ma certamente le più famose, capolavori assoluti di tutta la storia dell'arte, sono il *Compianto sul corpo del Cristo* di Giotto, dagli effetti drammatici inarrivabili, e la *Pietà* di Michelangelo.

Giotto, *Compianto sul corpo del Cristo*, 1303-1305; Padova, Cappella degli Scrovegni.
Il corpo di Cristo è retto da cinque donne, la madre di Gesù regge il capo del figlio, mentre Maddalena ne sostiene i piedi. Più in alto, Giovanni è colto in uno slancio di dolore. Le due figure maschili sulla destra sono Giuseppe di Arimatea (con la barba grigia) e Nicodemo. Con gesti di disperazione, dieci angioletti in volo piangono anch'essi la morte di Gesù. Sulla destra, un albero secco dal quale spuntano le gemme allude alla prossima risurrezione.

Donna de Paradiso

I versi qui riprodotti sono tratti da una *lauda* di Iacopone da Todi (1230/36-1303), *Donna de Paradiso*, uno dei primi componimenti della letteratura italiana, nella quale Maria è colta nel suo ruolo di madre, affranta dalla sofferenza del figlio che affronta la morte.

O figlio, figlio, figlio,
figlio, amoroso giglio!
O figlio, figlio, figlio,
figlio, amoroso giglio!
figlio, chi dà consiglio
al cor mio angustiato?

Figlio occhi iocundi,
figlio, co' non respundi?
Figlio, perché t'ascundi
al petto o' sì lattato?

Michelangelo Buonarroti, *Pietà*, 1497-1500; Città del Vaticano, Basilica di San Pietro.

Maestro di Santa Maria Maggiore, *Compianto su Cristo morto*, 1480 circa; Torino, Palazzo Madama.

INTERATTIVA

verifica delle conoscenze e delle abilità

1 Indica se le affermazioni sono vere (V) o false (F).

a La Riforma protestante ebbe conseguenze disastrose per l'unità della Chiesa. V F

b I princìpi della Riforma protestante sono: "*sola fide, sola iustitia, sola Scriptura*". V F

c La Riforma protestante fu appoggiata dall'imperatore Carlo V. V F

d Il luteranesimo non superò mai i confini della Germania. V F

e Secondo i riformatori protestanti, la lettura della Bibbia è alla base della vita di fede e delle scelte morali di ciascun cristiano. V F

f Il Concilio di Trento stabilì che i sacerdoti devono essere formati nei seminari. V F

g Il Concilio di Trento stabilì che nel sacramento dell'eucaristia è presente Gesù con il suo corpo e il suo sangue. V F

2 Inserisci correttamente nel testo le seguenti parole o espressioni.

francescani – spirito – missionario – evangelizzatori – accoglienza – lingua – martirio – agostiniani – missionari – gesuiti – carità – preventivamente – costumi – sovrani – esplorazioni geografiche – domenicani – conquistatori

Tra il XV e il XVI secolo furono scoperte nuove terre grazie alle .... La Chiesa, animata dallo spirito .... che la caratterizzava fin dalle sue origini, provvide a mandare missionari ed .... al seguito degli esploratori e dei commercianti. Furono molti gli ordini religiosi impiegati nell'opera di evangelizzazione delle terre di recente scoperta, tra cui gli ...., i ...., i .... e i gesuiti. In particolare l'ordine dei .... fondato da Ignazio di Loyola, fu spinto da un forte .... missionario, sostenuto da princìpi di .... e .... fraterna verso i popoli stranieri, di cui si preoccupò di conoscere .... la .... e i .... Le spese di viaggio dei missionari erano garantite dai .... europei, che provvedevano al loro equipaggiamento. Spesso i .... andarono incontro al ...., specialmente dove la situazione sociale era particolarmente compromessa a causa della ferocia dei ....

3 Abbina correttamente ogni termine o espressione alla propria definizione.

a Libero esame	*1* Condanna di affermazioni eretiche, cui in genere segue la scomunica
b Nepotismo	*2* Totale o parziale remissione davanti a Dio della pena temporale dovuta per i peccati
c Tradizione	*3* Commercio dei beni sacri spirituali
d Indulgenza	*4* Libera interpretazione della Sacra Scrittura
e Simonia	*5* Tendenza dei Papi in alcuni periodi della storia della Chiesa a favorire i propri familiari
f Anatema	*6* Insegnamenti originati da Cristo o rivelati dallo Spirito Santo e tramandati come verità di fede

4 Scegli il termine corretto, tra i due indicati nella parentesi, e sottolinealo.

a Lo spirito missionario cristiano è uno spirito di (esclusione/inculturazione).

b Per i cristiani l'inculturazione ha una motivazione (teologica/pratica).

c La Chiesa deve essere (uniculturale/multiculturale).

5 Inserisci correttamente nel testo le seguenti parole o espressioni.

rinnovamento – messale – giustificazione – Riforma protestante – sacramenti – Tradizione – magistero – catechismo – breviario – clero – Trento – seminari – Concilio

La Chiesa sentì l'esigenza di rispondere alla .... , riaffermando la propria autorità e nel contempo affrontando l'esigenza di un .... al suo interno. Nel 1545 venne convocato a .... un .... , che durò fino al 1563, in cui si gettarono le basi della Riforma cattolica. In particolare fu riaffermato il valore del .... della Chiesa e della .... , fu definita la posizione cattolica sul peccato originale e sulla .... , vennero chiariti alcuni punti relativi ai .... Nel contempo ci si preoccupò di redigere un .... , furono rielaborati il .... e il .... , venne introdotta una più rigida disciplina per il .... Per una preparazione adeguata del clero vennero istituiti i ....

6 Scegli il completamento corretto.

- **L'enciclica è:**
  - a un libro del Nuovo Testamento
  - b un documento emanato da un Concilio
  - c una lettera circolare promulgata dal Papa
  - d un documento di contenuto religioso
- **Papa Leone XIII promulgò l'enciclica:**
  - a *Sollicitudo rei socialis*
  - b *Centesimus annus*
  - c *Rerum Novarum*
  - d *Laborem exercens*
- **L'operato di Giuseppe Cottolengo fu a favore di:**
  - a donne carcerate
  - b giovani a rischio di delinquere
  - c famiglie povere
  - d emarginati, malati di mente e persone colpite da gravi disabilità fisiche
- **Benedetto XV definì la prima guerra mondiale:**
  - a un male necessario
  - b un'inutile strage
  - c un'amara medicina
  - d una forma di selezione naturale
- **La Chiesa rispetto alla politica e alle azioni attuate dai regimi totalitari del Novecento fu:**
  - a favorevole
  - b contraria
  - c indifferente
  - d in parte favorevole, in parte contraria
- **Dietrich Bonhoeffer, padre Massimiliano Kolbe ed Edith Stein possono essere definiti martiri perché:**
  - a hanno testimoniato la loro fede fino alla morte
  - b si sono fatti uccidere
  - c hanno avuto una vita travagliata
  - d morendo, hanno sofferto

mappa

INTERATTIVA

Nel **Rinascimento** la .... vive una **grande crisi** che porta alla .... dell'Europa ....

Chiesa ....:
- Enrico VIII

.... protestante:
- Martin Lutero

Chiese riformate:
- ....
- Calvino

La **Chiesa** risponde alle esigenze di **cambiamento** con:
- il ....
- la Riforma ....

Nascita di nuovi .... religiosi

Rinnovamento dottrinale e ....

Il .... si diffonde nel mondo tramite **missioni**:
- in America
- in Asia
- in Africa

La Chiesa è vicina all'uomo nei grandi .... dell'epoca moderna

Con iniziative a favore dei poveri, degli emarginati e dei giovani

Con documenti magisteriali: l'........................ "Rerum Novarum"

La **Chiesa** favorisce lo sviluppo del .... ecumenico

Completa la mappa inserendo le seguenti parole o espressioni.

Riforma – cristianesimo – anglicana – cristiana – pastorale – ordini – cambiamenti – dialogo – Zwingli – Chiesa – cattolica – divisione – Concilio di Trento – enciclica

attività per la verifica delle competenze

1 Ricordi il significato e l'origine del termine "simonia"? A quale episodio si riferisce (traendone il nome) questo termine? Dove è narrato l'episodio? Alla luce di quanto hai studiato finora, sapresti motivare perché la simonia è un peccato?

2 Indica quale differenza c'è tra "autorità" e "autorevolezza". Se sei in difficoltà, aiutati con il dizionario.

3 Diceva Lutero in una lettera all'amico Melantone: "*Pecca fortiter sed crede fortius*". ("Pecca fortemente, ma credi più fortemente di quanto pecchi"), cioè, anche se commetti peccato, sarà la fede a salvarti. La frase proseguiva: "*Sed fortius fide et gaude in Christo*" ("Ma con più forza confida e godi in Cristo"). Che cosa significa, secondo te? Cerca di spiegare, eventualmente con l'aiuto dell'insegnante, queste affermazioni, facendo riferimento al pensiero di Lutero.

4 Consiglia un antico proverbio africano: "Non si fa crescere un albero tirandolo per i rami, ma annaffiandone e concimandone le radici e lasciandolo espandersi al sole". Quale significato ha, secondo te? Prova a darne un'interpretazione, confrontandoti con i tuoi compagni, poi cerca di riferirlo al fenomeno dell'inculturazione.

5 Procurati, con l'aiuto dell'insegnante, alcune riviste missionarie (ad esempio: "Missioni Consolata", "Nigrizia", "Missione oggi", "Mani tese" ecc.) e cerca storie vere di missionari, uomini e donne, che ancora operano nelle missioni o che ne sono stati fondatori importanti (come Daniele Comboni). Individua poi le iniziative e gli atteggiamenti dei missionari che ritieni positivi agli occhi dei credenti e dei non credenti.

6 Il testo seguente è di don Bosco e si riferisce al suo sistema educativo. Leggilo e poi rispondi alle domande.

"Si dia ampia libertà di saltare, correre, schiamazzare a piacimento. La ginnastica, la musica, la declamazione, il teatrino, le passeggiate sono mezzi efficacissimi per ottenere la disciplina, giovare alla moralità e alla sanità. Si badi soltanto che la materia del trattenimento, le persone che intervengono, i discorsi che hanno luogo non siano biasimevoli. Fate tutto quello che volete, diceva il grande amico della gioventù san Filippo Neri, a me basta che non facciate peccati".

Secondo te, il sistema educativo di don Bosco è ancora valido ai giorni nostri? Se sì, in che modo? Se no, perché?

4

La Chiesa di oggi e i suoi segni: i sacramenti

Pregare tutti insieme per la pace

Maestro Jered raccontò questo fatto: “Si narra che nel lontano 1986 un coraggioso Papa invitò i responsabili di tutte le religioni a pregare per la pace. I vari uomini di fede si alternarono nella preghiera, facendo echeggiare le lingue più diverse. Arrivato il turno di un grande capo indiano, questi, dopo aver offerto il kalumeth al Grande Spirito, alla Madre Terra, ai quattro venti... si volse verso il Papa e, fumando e danzando, chiese al Grande Spirito di benedire il Santo Padre per averli riuniti tutti a pregare per la pace. E il Papa, commosso, accettò la sua benedizione”.

Maestro Jered, spiegando che la tradizione della preghiera comune proseguì con il successore di quel Papa, aggiunse: “Vedete... i grandi capi delle religioni, ciascuno nei propri paramenti, immagini delle storie, delle tradizioni che per secoli li avevano divisi, avevano aperto i loro cuori e le loro menti a orizzonti nuovi. Avevano finalmente capito: non più scomuniche, roghi, maledizioni... ma preghiere, parole e azioni di pace, benedizioni, questo era gradito a Dio”.

È importante cercare l’armonia per costruire la pace?

A volte litighiamo anche con le persone che ci stanno simpatiche o a cui vogliamo più bene. Non c’è da stupirsi, quindi, se attacchiamo briga con chi ci è insopportabile o la pensa diversamente da noi. Sembra che il conflitto, l’attitudine allo scontro, sia tipicamente umana, ma certo non è un modo per risolvere le divergenze.

- Secondo te, per evitare gli scontri e favorire la pace si deve:
  1. capire le ragioni delle liti, per non farsi trasportare dalla violenza;
  2. imporre con energia ciò che si ritiene giusto, senza motivarlo;
  3. scoprire che vivere con gli altri è qualcosa che si impara;
  4. comprendere che certi gesti o parole possono ferire, anche se non se ne ha l’intenzione.

Partendo da questa riflessione, scrivi qual è il tuo pensiero.

OBIETTIVI

- Conoscere l’evoluzione storica della Chiesa, realtà voluta da Dio, universale e locale, e rapportarla alla fede cattolica che riconosce in essa l’azione dello Spirito Santo.
- Conoscere il cammino ecumenico della Chiesa.
- Riconoscere che la Chiesa è una realtà articolata secondo carismi e ministeri che fa riferimento a simboli religiosi e realtà sacramentali.
- Riconoscere il messaggio cristiano nell’arte e nella cultura in Italia e in Europa, nell’epoca contemporanea.

DIO E L’UOMO **IL LINGUAGGIO RELIGIOSO**

COMPETENZE

- L’alunno ricostruisce gli elementi fondamentali della storia della Chiesa e sa confrontarli con le vicende della storia civile elaborando criteri per avviarne una interpretazione consapevole.
- Sa riconoscere i linguaggi espressivi della fede.

1 Il Concilio Vaticano II (I)

LA CHIESA E I SUOI SEGNI NEL TEMPO E NELLA STORIA

Dopo la seconda guerra mondiale maturarono lentamente nella Chiesa l'esigenza e la necessità di procedere a una **profonda revisione** al suo interno. Una sensibilità nuova nei confronti dei problemi del mondo fece prendere coscienza della necessità che la Chiesa si aprisse ai cambiamenti di una realtà nuova. L'attenzione a quelli che vennero definiti come "segni dei tempi" determinò l'apertura all'**impegno ecumenico** e al **dialogo interreligioso**. L'elezione di papa **Giovanni XXIII** (Angelo Roncalli) come successore di Pio XII spinse molti osservatori a pensare a un pontificato di transizione, destinato a durare pochi anni e a non introdurre grandi novità: il neoeletto aveva settantasei anni, proveniva da una famiglia contadina e il suo modo di fare era molto diverso da quello dei suoi predecessori. In realtà la sua personalità non comune fu decisiva per la **svolta** della Chiesa.

Impegno ecumenico
L'*ecumenismo* (vedi anche p. 128), è l'impegno di tutti i cristiani delle diverse confessioni a riunirsi in una sola fede e in una sola Chiesa visibile.

Dialogo interreligioso
È l'apertura agli appartenenti a religioni diverse da quella cristiana, verso i quali si è disponibili a un sereno confronto di opinioni.

Schietto, attento più agli aspetti pastorali che a quelli diplomatici, semplice negli atteggiamenti (eliminò, ad esempio, tutti i fasti del cerimoniale vaticano), compì alcuni gesti insoliti per un Pontefice, come la visita in ospedali e carceri. Lo scopo principale che si prefisse era di **unificare la Chiesa** ed egli intuì che per ottenerlo era necessario un profondo **rinnovamento della vita del clero e dei fedeli**. Lo definì "aggiornamento" e ne espose le linee principali in due encicliche, la *Mater et Magistra* (Madre e Maestra, 1961) e la *Pacem in terris* (Pace in terra, 1963).

Giovanni XXIII.

LA CHIESA RIPENSA SE STESSA

Nel 1962 **Giovanni XXIII** si lanciò in un'impresa inaspettata e sorprendente, quella di convocare un nuovo Concilio ecumenico, e, superando le obiezioni che venivano dagli schieramenti più conservatori, riuscì a ottenere un risultato epocale per la vita della Chiesa: mai si era tenuta un'assemblea così numerosa e con caratteri così universali. Il Concilio venne incaricato di **studiare i termini dell'"aggiornamento" della Chiesa e di metterlo a punto**. Fu annunciato in una data significativa, il 25 gennaio, giornata della solenne conclusione della Settimana di preghiera per l'unità dei cristiani, nella basilica di San Paolo fuori le Mura. Il Papa invitò anche i rappresentanti della Chiesa anglicana, della Chiesa ortodossa e delle diverse Chiese protestanti. **Vennero cioè coinvolte tutte le Chiese cristiane**.
Dopo tre anni di intensa preparazione, il Concilio si aprì in Vaticano l'11 ottobre 1962 e durò fino all'8 dicembre 1965. Fu inaugurato da papa Giovanni XXIII, attorniato da 2860 prelati di tutti i paesi (il 45% dei quali proveniva dal Sud del mondo) e da 93 osservatori appartenenti ad altre religioni e al mondo laico.
Giovanni XXIII assisté solo alla prima sessione (in tutto furono quattro), perché morì il 3 giugno 1963 e il suo successore, **Paolo VI**, portò a termine i lavori nel 1965, mediando tra l'ala tradizionalista e quella innovatrice del Concilio.

leggiamo le fonti

Madre e Maestra: la Chiesa e il vivere quotidiano

Benché dunque la santa Chiesa abbia innanzi tutto il compito di santificare le anime e di renderle partecipi dei beni di ordine soprannaturale, essa è tuttavia sollecita delle esigenze del vivere quotidiano degli uomini, non solo quanto al sostentamento ed alle condizioni di vita, ma anche quanto alla prosperità ed alla civiltà nei suoi molteplici aspetti e secondo le varie epoche.
La santa Chiesa, realizzando tutto questo, attua il comando del suo fondatore Cristo, che si riferisce soprattutto alla salvezza eterna dell'uomo quando dice "*Io sono la via, la verità e la vita*" (Gv 14,6) e "*Io sono la luce del mondo*" (Gv 8,12); ma altrove, guardando la folla affamata, gemebondo prorompe nelle parole: "*Ho compassione di questa folla*" (Mc 8,2), dando prova così di preoccuparsi anche delle esigenze terrene dei popoli. Né il divin Redentore dimostra questa cura soltanto con le parole, ma anche con gli esempi della sua vita, quando a sedare la fame della folla più volte moltiplicò miracolosamente il pane. E con questo pane dato a nutrimento del corpo volle preannunziare quel cibo celeste delle anime, che avrebbe largito agli uomini nella vigilia della sua passione.

GIOVANNI XXIII, *Mater et Magistra*, 2-3

approfondiamo...

Giovanni XXIII, il Papa del Concilio

Alla morte di Pio XII, nel 1958, fu eletto Papa Giovanni XXIII, che probabilmente, a causa della sua età avanzata, era stato considerato da molti cardinali una semplice figura di passaggio, nell'impossibilità immediata di trovare un personaggio di grande spessore, capace di riempire il vuoto lasciato da un soggetto carismatico come il Papa appena defunto. Il breve pontificato di Giovanni XXIII (1958-1963) fu invece di una intensità e di una vivacità straordinarie: anzi, innescò un vero terremoto, che ha trasformato la Chiesa cattolica in modo profondo e, in alcuni ambiti, irreversibile. In primo luogo, va segnalata la decisione del Papa di indire un nuovo Concilio ecumenico (il Vaticano II), che fu annunciata pubblicamente il 25 gennaio 1959. Nel discorso inaugurale, l'11 ottobre 1962, Giovanni XXIII manifestò con estrema chiarezza la sua volontà di dar vita a una nuova fase della storia della Chiesa, o meglio la sua disponibilità a metterla in dialogo con il mondo moderno.

Anno 96 - Numero 239

LA STAMPA

Venerdì 12 Ottobre 1962

Nella basilica di San Pietro, presenti 2498 Vescovi di tutto il mondo

Il Pontefice ha aperto il Concilio Vaticano II esprimendo serena fiducia nella società moderna

Preceduto dal corteo dei «padri conciliari» e dei Cardinali, il Papa raggiunge la basilica tra gli applausi di duecentomila persone - Nel tempio la cerimonia solenne e grandiosa, davanti a 85 delegazioni straniere e ai rappresentanti di altre confessioni religiose - Dopo le preghiere e i canti, il discorso di Giovanni XXIII - «Dobbiamo guardare alle moderne condizioni e forme di vita che hanno aperto nuove strade all'apostolato cattolico» - «La Chiesa deve fare un balzo avanti» - «Essa ha sempre condannato gli errori con la massima severità, oggi preferisce dimostrare la validità della sua dottrina» - «Vivo dolore per i Vescovi assenti perché imprigionati» - Un messaggio augurale per l'unità di tutti gli uomini

Chiesa viva

Il discorso del Papa sui compiti dei cattolici

VEDERE A PAGINA 5:
* Vittorio Gorresio descrive la solenne cerimonia.
* Filippo Pucci parla della fantastica fiaccolata per le strade di Roma.
* Gli auguri del Parlamento italiano ai lavori del Concilio.

La pagina di apertura de "La Stampa" del 12 ottobre 1962 annuncia l'apertura del Concilio.

2 Il Concilio Vaticano II (II)

LA CHIESA, SEGNO DI SALVEZZA UNIVERSALE

Il rinnovamento teologico della Chiesa contribuì ad accrescere la consapevolezza delle responsabilità da parte dei suoi appartenenti e l'esercizio dell'autorità da parte dei suoi ministri venne svolto sempre più come un **ruolo di servizio al popolo di Dio**: la Chiesa era interpretata come **segno di salvezza universale**, non in contrapposizione al mondo, ma come portatrice della salvezza di Cristo offerta a tutti. Per questo il Concilio ebbe soprattutto preoccupazioni di tipo pastorale e manifestò uno spirito di **fedeltà alla Sacra Scrittura e alla Tradizione**, uno spirito di **libertà di espressione** all'interno dell'assemblea conciliare, uno spirito di **fraternità ecumenica** nei confronti delle altre Chiese cristiane, uno spirito di **apertura al mondo e a tutti gli uomini**. Dal Concilio emerse anche una Chiesa che chiedeva perdono per le proprie infedeltà al Vangelo e proponeva una nuova **dottrina sociale** che si sforzava di conciliare **la missione d'annuncio** della Parola di Dio con l'impegno a favore della **giustizia**, della **pace**, della **dignità** e del **progresso integrale** degli uomini.

Una seduta plenaria del Concilio Vaticano II.

LE INIZIATIVE INTRAPRESE DAL CONCILIO

Il Concilio Vaticano II ha proposto alla Chiesa una conversione profonda e ha lanciato una sfida che anche il papato attuale non si stanca di condividere: **vivere e testimoniare il Vangelo annunciato duemila anni fa, fresco e comprensibile anche nel III millennio**.

- Il Concilio diede ampio spazio all'**apostolato laico**, ovvero all'opera di diffusione del messaggio e dei valori cristiani da parte dei laici.
- Alla condanna delle altre religioni si sostituì **la ricerca del dialogo, sia con le Chiese protestanti e ortodosse sia con i non cristiani**.
- Venne avviata una **riforma della liturgia** (l'insieme dei riti rivolti a Dio) che portò poi alla scelta di **non celebrare più la Messa in latino** ma nelle lingue correnti e di **rivolgere l'altare verso i fedeli**. Furono rivalutati la partecipazione vissuta alla liturgia e l'approfondimento della Parola di Dio.
- Il **messaggio della Chiesa** non venne più legato esclusivamente a modelli propri della civiltà mediterranea, ma fu **calato nelle differenti culture del mondo**.
- Il rinnovamento avviato dal Concilio favorì una serie di iniziative all'interno della Chiesa come le **comunità di base**, in cui gruppi di cristiani cercarono di vivere secondo i valori del Vangelo e si impegnarono a favore dei poveri. Alcuni sacerdoti, specialmente in Francia, decisero di vivere come operai per condividere la vita di coloro presso i quali predicavano.
- Prendendo coscienza della propria universalità **la Chiesa allargò l'orizzonte del suo impegno**. Le comunità dell'Asia e dell'Africa erano terra di missione quanto l'Europa e l'America, dove si diffondevano sempre più ampiamente **ateismo** (la posizione di chi nega l'esistenza di Dio) e **nuove forme di paganesimo**. I problemi di ogni comunità laicale venivano condivisi e affrontati con respiro mondiale.

Le iniziative del Concilio sono raccolte ed esplicitate in una serie di **documenti finali**.

Nuove forme di paganesimo
Sono quelle forme di religiosità nuova che tendono a divinizzare aspetti del mondo materiale.

leggiamo le fonti

Missione della Chiesa e dottrina sociale: la *Gaudium et Spes*

La Costituzione pastorale *Gaudium et Spes* [Gioia e Speranza], del Concilio Vaticano II, costituisce una significativa risposta della Chiesa alle attese del mondo contemporaneo. In tale Costituzione, in sintonia con il rinnovamento ecclesiologico, si riflette una nuova concezione di essere comunità dei credenti e popolo di Dio. Essa ha suscitato quindi nuovo interesse per la dottrina contenuta nei documenti precedenti circa la testimonianza e la vita dei cristiani, come vie autentiche per rendere visibile la presenza di Dio nel mondo. La *Gaudium et Spes* traccia il volto di una Chiesa intimamente solidale con il genere umano e la sua storia, che cammina con tutta l'umanità ed è soggetta insieme al mondo alla medesima sorte terrena, ma che anche al tempo stesso è come fermento e quasi anima della società umana, per rinnovarla in Cristo e trasformarla in famiglia di Dio.

PONTIFICIO CONSIGLIO DELLA GIUSTIZIA E DELLA PACE,
Compendio della dottrina sociale della Chiesa, n. 96,
Libreria Editrice Vaticana, Città del Vaticano 2004

SEGUE

approfondiamo...

I documenti finali del Concilio Vaticano II

Vi sono quattro tipi di documento: le costituzioni dogmatiche, le costituzioni pastorali, le dichiarazioni e i decreti.

Le costituzioni dogmatiche
Le costituzioni dogmatiche sono documenti che i fedeli devono accogliere docilmente e sinceramente, poiché contengono numerose dottrine e insegnamenti della Tradizione e del magistero autorevole della Chiesa. Sono:

- La *Lumen Gentium* (Luce delle Genti), sulla Chiesa. Parla del mistero della Chiesa che è, in Cristo, il segno e il mezzo dell'unione con Dio e dell'unità degli uomini. Il documento afferma il primato del Papa e la collegialità episcopale, parla del diaconato permanente e sottolinea la chiamata universale alla santità.
- La *Dei Verbum* (Parola di Dio), sulla Divina Rivelazione. Essa sottolinea la pienezza della rivelazione di Dio in Cristo e spiega come nella Scrittura e nella Tradizione si trovi egualmente trasmessa la Parola rivelata di cui la Chiesa è autenticamente custode.

Le costituzioni pastorali
Le costituzioni pastorali sono documenti in cui la Chiesa esprime le sue direttive sui vari problemi di pastorale, affinché i fedeli le accolgano e le vivano. Sono:

- La *Sacrosanctum Concilium* (Il Santo Concilio), sulla liturgia. Essa presenta la liturgia come il vertice verso cui tende l'azione della Chiesa e la sorgente da cui scaturisce la sua forza. Contiene le linee generali per la riforma liturgica.
- La *Gaudium et Spes* (Gioia e Speranza), sulla Chiesa nel mondo contemporaneo. Nella prima parte si parla della dignità dell'uomo e del senso ultimo dell'attività umana. Nella seconda parte si trattano temi come la famiglia, la cultura, l'economia, la società.

SEGUE

3 I segni sacramentali

I SACRAMENTI, INCONTRO CON CRISTO NELLA CHIESA

In venti secoli di storia il cammino della Chiesa è stato complesso e difficile e ha visto alternarsi periodi di luce e periodi d'ombra, avvenimenti significativi e fenomeni transitori. Tuttavia **non sono mai venuti meno l'impegno per l'evangelizzazione e la celebrazione dei sacramenti**, che dalla Chiesa cattolica sono considerati **segni fondamentali** della presenza di Gesù in mezzo agli uomini.

I SEGNI DELLA SALVEZZA

Il sacramento è un segno sensibile (che possiamo percepire con i nostri sensi) **di una realtà più importante ma astratta**, cioè non percepibile con i nostri sensi. La parte visibile è un **rito**, cioè un insieme di gesti visibili, accompagnato da una parte udibile (preghiere, canti ecc.). Con questo rito il credente, con adesione libera e consapevole, riceve simbolicamente un dono da Dio. Nel sacramento **sono compresenti un aspetto umano e uno divino**: se uno dei due manca, il sacramento non sussiste. Perché siano validi, dunque, è necessaria la volontà dell'uomo.
I **sacramenti** sono **segni efficaci della grazia** (hanno cioè effetti reali); essi sono stati **istituiti da Gesù Cristo** e hanno alimentato e sostenuto la fede dei cristiani nel corso dei secoli. I sacramenti sono segni visibili di un'azione invisibile nella quale i cristiani possono sperimentare la presenza di Dio che sana, che perdona, che nutre, che fortifica e che rende capaci di amare, poiché in tali segni opera la grazia di Dio. Per la Chiesa cattolica i **sacramenti della fede** sono **sette** (**battesimo, confermazione, eucaristia, penitenza, unzione degli infermi, ordine sacro** e **matrimonio**) e accompagnano la vita del credente nelle tappe più importanti del cammino cristiano. Sono, insomma, una specie di "orologio" che segna i diversi periodi della crescita di un cristiano dalla vita alla morte.

RISORSE DIGITALI

APPROFONDIAMO...
- I segni sacramentali
- I protagonisti umani dei sacramenti

GLI ELEMENTI COSTITUTIVI DEI SACRAMENTI

Gli elementi che costituiscono il sacramento sono: la materia, la forma, il ministro, il soggetto:
- il **ministro**, cioè il **celebrante** (colui o coloro che celebrano il sacramento),
- utilizzando la **materia** del sacramento, che è una realtà materiale (acqua, pane, vino, olio...) o un'azione sensibile (una serie di gesti),
- e utilizzando nello stesso tempo la **forma** (cioè pronunciando quella formula di parole che rende reale l'azione di Cristo che si compie nel sacramento),
- amministra il sacramento al **soggetto**, cioè a colui o colei che riceve il sacramento; perché il sacramento sia efficace è necessario che il soggetto creda in Gesù Cristo.

Non bisogna dimenticare che **il protagonista di ogni sacramento è sempre Dio** nella Persona di Gesù Cristo e che il celebrante è semplicemente uno strumento. Dio agisce in piena libertà e i sacramenti sono sempre suoi doni.

approfondiamo...

Che cos'è un segno?

Il segno è qualcosa di cui tutti noi abbiamo esperienza nella vita quotidiana, al punto di saperlo senza renderci conto di saperlo. Quando stiamo per attraversare la strada, davanti a un semaforo, noi siamo davanti a un segno. Che cosa fa infatti il semaforo? Accende una luce verde per dare l'ordine "passare", oppure una luce rossa per dare l'ordine "non passare", oppure una luce gialla per dirci "se stai attraversando, affrettati, perché fra poco divento rosso, e non ti permetto più di passare". Ora: "passare", "non passare", "affrettarsi" non sono tre cose fisiche che possiamo toccare, vedere, sentire. Sono tre concetti, tre pensieri diversi, che esistono ma sono astratti. La luce verde, quella rossa e quella gialla sono invece cose ben visibili. Ma ciascuna di queste luci ci serve per richiamare un ordine (appunto "passare", "non passare", "affrettarsi") astratto, che non vediamo. Possiamo allora definire il segno come qualcosa di concreto, che possiamo cogliere con i nostri sensi, e però ha lo scopo di indicare qualcosa di astratto, cioè qualcosa che possiamo cogliere solo con la nostra mente. Volete una prova di quanto abbiamo detto ora? La parola "semaforo" deriva dal greco antico ed è composta dalla parte *sema* che vuol dire "segni", e dalla parte *foro*, che deriva da un verbo che significa "portare". Il semaforo è quindi un "portatore di segni".

leggiamo le fonti

I sacramenti della fede

I sacramenti sono ordinati alla santificazione degli uomini, alla edificazione del corpo di Cristo e, infine, a rendere culto a Dio; in quanto segni hanno poi anche un fine pedagogico. Non solo suppongono la fede, ma con le parole e gli elementi rituali la nutrono, la irrobustiscono e la esprimono; perciò vengono chiamati sacramenti della fede. Conferiscono certamente la grazia, ma la loro stessa celebrazione dispone molto bene i fedeli a viverla con frutto, a onorare Dio in modo debito e a esercitare la carità. È quindi di grande importanza che i fedeli comprendano facilmente i segni dei sacramenti e si accostino con somma diligenza a quei sacramenti che sono destinati a nutrire la vita cristiana. [...] Così la liturgia [...] offre ai fedeli ben disposti la possibilità di santificare quasi tutti gli avvenimenti della vita per mezzo della grazia divina, che fluisce dal mistero pasquale della passione, morte e resurrezione di Cristo, mistero dal quale derivano la loro efficacia tutti i sacramenti. E così non esiste quasi alcun uso retto delle cose materiali che non possa essere indirizzato alla santificazione dell'uomo e alla lode a Dio.

CONCILIO VATICANO II,
Sacrosanctum Concilium, nn. 59-61

Battesimo, matrimonio, ordine sacro ed eucaristia, miniatura del Messale di Reims, 1285-1297.

4 I sacramenti dell'iniziazione (I)

L'INGRESSO NELLA COMUNITÀ

Per entrare a far parte della Chiesa occorre dare un segno della propria fede alla comunità: **i sacramenti dell'ingresso e dell'impegno** nella vita cristiana sono detti "segni dell'iniziazione" e sono il **battesimo**, la **confermazione** (o cresima) e l'**eucaristia** (o comunione).

IL BATTESIMO

Il **battesimo** (che viene ricevuto una sola volta) è decisivo per l'effettivo inserimento del credente nella comunità dei figli di Dio e per questo motivo è definito "fondamento" e "porta d'ingresso" della vita nello Spirito e dei sacramenti. Il battesimo è il primo dei sacramenti ed è la **condizione senza la quale** non è possibile ricevere tutti gli altri. Da un lato vi è il **coinvolgimento personale ed ecclesiale**, poiché è una comunità che inizia una persona alla fede; dall'altro vi è il **primato dell'iniziativa divina**, poiché non ci si battezza da soli, ma si è battezzati; non ci si fa cristiani, ma si è fatti, perché la fede è innanzitutto un dono.

Battesimo
È una parola che deriva dal greco *baptismós*, che significa "immersione", "bagno". Anticamente, infatti, e ancora oggi presso i cristiani ortodossi, il battesimo avveniva con l'immersione in una vasca piena d'acqua. L'attuale battesimo con la semplice aspersione, cioè con il versamento di un po' d'acqua, è stato introdotto in Occidente nel III secolo.

Il battesimo può essere definito **il sacramento della fede e della vocazione cristiana**. Con questo gesto sacramentale, **la persona viene accolta ufficialmente nella famiglia di Dio e nella comunità dei credenti**. Il profondo legame con Dio e con la Chiesa porta al battezzato la libertà dal peccato originale e la possibilità di vivere da "uomo nuovo" che spende la sua vita con lo stile della fede, della speranza e dell'amore. Con questo sacro rito viene rappresentata e prodotta la nostra unione alla morte e risurrezione di Cristo.

IL SIGNIFICATO PROFONDO DEL BATTESIMO

Il battesimo viene amministrato con l'**acqua**. L'acqua è presso tutti i popoli **simbolo di purezza e rigenerazione**. È con l'acqua, infatti, che da sempre l'uomo si lava per liberarsi dalla sporcizia, dalle impurità. Così l'acqua simboleggia il fatto che **l'anima viene ripulita, liberata dal peccato originale**. E come, quando ci siamo lavati, ci sentiamo anche rigenerati, diversi, migliori, così il battesimo è anche il **simbolo della nuova vita in cui entra il battezzato**. Una vita in cui il male sarà sostituito dalla ricerca del bene. E in questa vita il nuovo cristiano non sarà solo, ma sarà accompagnato e aiutato dagli altri cristiani, con i quali egli condivide l'attuazione del progetto di salvezza donatoci da Cristo, sacrificatosi per l'uomo.

Nella celebrazione del battesimo la presenza e il **ruolo della comunità** fanno parte dell'essenza stessa del sacramento; la ricchezza dei segni e dei gesti liturgici esprime la sovrabbondanza di significati legati all'evento.

RISORSE DIGITALI

APPROFONDIAMO...
- L'iniziazione nel cristianesimo delle origini
- I luoghi del battesimo

LEGGIAMO LE FONTI
- I battisteri delle origini

leggiamo le fonti

Il battesimo in Cristo

Per mezzo del battesimo dunque siamo stati sepolti insieme a lui nella morte affinché, come Cristo fu risuscitato dai morti per mezzo della gloria del Padre, così anche noi possiamo camminare in una vita nuova. Se infatti siamo stati intimamente uniti a lui a somiglianza della sua morte, lo saremo anche a somiglianza della sua risurrezione.

Rm 6,4-5

Il Battesimo rimette il peccato originale, tutti i peccati personali e le pene dovute al peccato; fa partecipare alla vita divina trinitaria mediante la grazia santificante, la grazia della giustificazione che incorpora a Cristo e alla sua Chiesa; fa partecipare al sacerdozio di Cristo e costituisce il fondamento della comunione con tutti i cristiani; elargisce le virtù teologali e i doni dello Spirito Santo. Il battezzato appartiene per sempre a Cristo: è segnato, infatti, con il sigillo indelebile di Cristo.

Catechismo della Chiesa cattolica. Compendio, 263

Essere battezzato significa che la mia personale storia di vita viene immersa nella corrente dell'amore di Dio. "La nostra vita – dice papa Benedetto XVI – appartiene a Cristo e non a noi stessi [...] accompagnati da lui o meglio accolti nel suo amore siamo liberi dal timore. Egli ci abbraccia e ci sorregge portandoci dove anche noi andiamo. Egli, che è la vita in persona".

AA.VV., *Per conoscere e vivere la fede della Chiesa*, n. 200, Città Nuova, Roma 2011

Pietro Longhi, *Battesimo*, XVIII secolo; Venezia, Pinacoteca Querini Stampalia.

approfondiamo...

I gesti del battesimo

I contenitori per l'acqua e per il crisma usati durante il battesimo.

Nei riti di accoglienza viene pronunciato il nome, che dice l'identità singolare di figli; nel segno della croce si riceve il sigillo dell'appartenenza a Dio e alla comunità. Il gesto principale è quello dell'abluzione con l'acqua mentre il celebrante pronuncia le parole: "... *io ti battezzo nel nome del Padre e del Figlio e dello Spirito Santo*". La liturgia del sacramento comincia con la benedizione dell'acqua. Seguono le promesse battesimali: rinuncia al male e professione di fede con il *Credo*. A nome del bambino rispondono i genitori e i padrini. Nel momento del battesimo il celebrante versa l'acqua sul capo del bambino, mentre pronuncia le parole del sacramento. Seguono alcuni riti simbolici che rappresentano l'importanza del battesimo: l'unzione con il *crisma* (una miscela di olio di oliva e balsami profumati) come consacrazione a Gesù e alla Chiesa; la consegna della veste bianca, simbolo della dignità cristiana; la presentazione della candela accesa al cero pasquale, come segno della volontà di essere "luce del mondo"; il gesto dell'apertura delle orecchie e delle labbra, come augurio che il nuovo cristiano ascolti la Parola di Dio e professi la sua fede.

5 I sacramenti dell'iniziazione (II)

LA CONFERMAZIONE

La **confermazione**, o **cresima**, è **il sacramento della maturità cristiana**. Anch'esso, come il battesimo, viene ricevuto una sola volta. Il battezzato trova in questo sacramento la forza per fare le scelte specifiche della sua vocazione personale e per vivere cristianamente la propria quotidianità.

IL SIGNIFICATO PROFONDO DELLA CONFERMAZIONE

Il più importante tra i **gesti liturgici** della confermazione è l'**unzione**. Si usa l'**olio profumato**, anticamente adoperato per ungere colui che veniva scelto, perché come chi è scelto per una missione deve dare il proprio libero e convinto assenso a svolgere quella missione, così la confermazione è l'atto in cui il giovane cristiano, dopo essere stato introdotto nella comunità della Chiesa, esprime **la propria volontà cosciente di seguire gli ideali evangelici e gli insegnamenti della Chiesa e di essere testimone autentico di Cristo risorto**.
Questo sacramento viene conferito una sola volta perché imprime un "segno" spirituale: il carattere o sigillo dello Spirito, che è indelebile e indica l'appartenenza totale a Cristo, la continua sintonia e collaborazione con Lui, la protezione divina nei momenti difficili e la forza di essere suoi testimoni.

RISORSE DIGITALI

LEGGIAMO LE FONTI
- L'unzione con olio
- Il dono della sapienza

I SETTE DONI DELLO SPIRITO SANTO

Lo Spirito Santo offre a chi riceve il sacramento della confermazione i suoi sette doni: sapienza, intelletto, consiglio, fortezza, scienza, pietà e timor di Dio.

- La **sapienza** arricchisce l'uomo e lo aiuta a cogliere il senso della meraviglia in tutto ciò che lo circonda; inoltre aiuta a distinguere tra il bene e il male e illumina il cuore.
- Il dono dell'**intelletto** aiuta a non essere superficiali, ad arrivare al cuore delle cose senza fermarsi all'apparenza. È il dono dell'essere contro l'apparire.
- Il dono del **consiglio** vuole aiutare a individuare la strada giusta, il progetto di vita per il futuro.
- La **fortezza** è il dono del coraggio, della tenacia, della costanza.
- Il dono della **scienza** è l'innamoramento di Dio e di tutte le cose.
- La **pietà** indica l'attaccamento filiale ed è il dono che aiuta a considerare Dio come Padre.
- Il **timor di Dio** è il dono che rende consapevoli della grandezza, della dignità e della sovranità di Dio. Ricorda che Dio è buono e potente, ma che gli si devono rispetto e ubbidienza.

Marisa Gramola, *Il giorno della cresima*; Collezione privata.

leggiamo le fonti

Il nome e l'effetto della confermazione

Si chiama *Cresima* (nelle Chiese Orientali: Crismazione col Santo Myron) a motivo del suo rito essenziale che è l'unzione. Si chiama *Confermazione* perché conferma e rafforza la grazia battesimale.

L'effetto della Confermazione è la speciale effusione dello Spirito Santo, come quella della Pentecoste. Tale effusione imprime nell'anima un carattere indelebile e apporta una crescita della grazia battesimale: radica più profondamente nella filiazione divina; unisce più saldamente a Cristo e alla sua Chiesa; rinvigorisce nell'anima i doni dello Spirito Santo; dona una speciale forza per testimoniare la fede cristiana.

Catechismo della Chiesa cattolica. Compendio, nn. 266 e 268, San Paolo, Cinisello Balsamo (MI) 2005

Rogier van der Weyden, *Trittico dei sette sacramenti: cresima*, XV secolo; Anversa, Museo Reale delle Belle Arti.

approfondiamo...

I gesti della confermazione

I candidati alla confermazione, preparati per un opportuno periodo sotto la guida dei catechisti, sono presentati dalla comunità al vescovo attraverso i padrini e le madrine. Dopo i riti di accoglienza, il saluto del vescovo e la lettura della Parola di Dio, vengono chiamati per nome. Nell'omelia il vescovo spiega il significato del sacramento ed esorta a un impegno di vita coerente. Nella confermazione il gesto principale è quello dell'imposizione delle mani e dell'unzione con il crisma. Il vescovo invita l'assemblea alla preghiera; poi, con i sacerdoti presenti, stende le mani sui cresimandi invocando lo Spirito: "*Dio onnipotente, Padre del Signore nostro Gesù Cristo, che hai rigenerato questi tuoi figli dall'acqua e dallo Spirito Santo liberandoli dal peccato, infondi in loro il tuo Santo Spirito Paraclito: Spirito di sapienza e di intelletto, Spirito di consiglio e di fortezza, Spirito di scienza e di pietà, e riempili dello Spirito del tuo santo timore. Per Cristo nostro Signore*". Accompagnato da uno dei genitori o dal padrino o dalla madrina, che gli pone la mano destra sulla spalla, ogni cresimando si presenta al celebrante pronunciando il proprio nome. Riceve sulla fronte l'unzione in forma di croce e il saluto di pace che lo accoglie come adulto nella comunità: "*Ricevi il sigillo dello Spirito Santo che ti è dato in dono* [...]. *E la pace sia con te*".

Alberto Arnoldi, *La cresima*, 1361; Firenze, Museo dell'Opera del Duomo.

6 I sacramenti dell'iniziazione (III)

L'EUCARISTIA

L'**eucaristia** è fonte e vertice di tutta la vita cristiana. "*Fate questo in memoria di me*" è il comando con cui Gesù ha consegnato questo sacramento alla Chiesa. Poiché il pane è il corpo di Cristo e il vino è il suo sangue, **celebrare l'eucaristia significa "fare memoria" del Signore**, cioè rivelare a tutti e rendere attuale il mistero della sua vita, morte e risurrezione. Cristo si rende presente nell'eucaristia grazie alla **transustanziazione** del pane e del vino (vedi p. 110), ovvero con la trasformazione, a opera dello Spirito Santo, della sostanza di questi alimenti nel suo corpo e nel suo sangue. **Questa presenza del corpo e del sangue di Cristo è il fondamento del sacrificio della Messa.**

Eucaristia
Deriva dal greco *eucharistía*, "riconoscenza", "gratitudine". È il fondamento del sacrificio della **Messa**, termine che significa "rinvio", "congedo" e risale a un'antica usanza: nella Chiesa delle origini, prima che si celebrasse il mistero eucaristico, venivano allontanati coloro che non erano ancora perfettamente cristiani (i catecumeni) e coloro che avevano commesso peccati (i penitenti pubblici).

L'eucaristia è il **sacrificio della nuova alleanza**: la morte di Gesù sulla croce diventa punto di riferimento per la vita di ogni uomo e induce a vivere nella logica della donazione e del rendimento di grazie.

La Chiesa si riunisce nell'eucaristia in un banchetto che diventa segno e causa di **comunione tra Cristo e il credente**, di fraternità con gli altri, di impegno storico nello sviluppo della creazione.

L'eucaristia è anche **invio per la missione evangelizzatrice**. Chi riceve l'eucaristia si impegna così a vivere coerentemente agli insegnamenti evangelici.

IL SIGNIFICATO PROFONDO DELL'EUCARISTIA

In tutte le culture di tutti i popoli il **banchetto** è il gesto simbolico che conclude, sigla, simbolizza la **pace**, l'**alleanza**, la **concordia**, perché nell'azione del mangiare si depongono le armi, ci si presenta vulnerabili, si concede e si offre la piena fiducia, si è tutti insieme senza esclusioni. Così, facendo memoria dell'**Ultima Cena**, tutti partecipano nell'unità della Chiesa a un banchetto che è **segno di alleanza con Dio**, che per mezzo di suo figlio Gesù Cristo offre a tutti il suo cibo, ripetendone ogni volta il sacrificio, rinnovando ogni volta il corpo di Gesù sotto le specie del pane e del vino che si fanno corpo e sangue. Ma come ogni alleanza è un impegno: così **nell'eucaristia ci si impegna a vivere da buoni cristiani**.

L'eucaristia è anche **rito di iniziazione**, perché la prima volta che ci si accosta a essa si prende parte insieme a tutta la Chiesa al banchetto di Dio, che si ripeterà da quel momento in avanti nel corso della vita "adulta". È importante ricordare che **la Chiesa fa l'eucaristia e l'eucaristia fa la Chiesa**: con l'eucaristia si afferma che **non c'è comunione con Cristo dove non c'è comunione con i fratelli**; non c'è comunione con Cristo dove non è presente il suo corpo, che è la Chiesa.

In stretto collegamento con i **gesti liturgici** della Messa, acquista particolare valore la **conservazione del pane consacrato**. Le particole (le parti dell'ostia consacrata) rimaste vengono conservate perché in esse è realmente presente Gesù e vengono amministrate (cioè date) agli ammalati a casa (il viatico) o utilizzate per l'adorazione del Signore (a questa presenza reale si dà il nome di Santissimo Sacramento).

RISORSE DIGITALI

APPROFONDIAMO...
- La liturgia della Messa

LEGGIAMO LE FONTI
- Che cos'è l'eucaristia?

leggiamo le fonti

La comunione in Cristo

Poiché vi è un solo pane, noi siamo, benché molti, un solo corpo: tutti infatti partecipiamo all'unico pane.

1Cor 10,17

Un momento della preghiera eucaristica.

Ogni volta che il sacrificio della croce, con il quale Cristo, nostro agnello pasquale, è stato immolato, viene celebrato sull'altare, si rinnova l'opera della nostra redenzione. E insieme, col sacramento del pane eucaristico, viene rappresentata ed effettuata l'unità dei fedeli, che costituiscono un solo corpo in Cristo. Tutti gli uomini sono chiamati a questa unione con Cristo, che è la luce del mondo; da lui veniamo, per mezzo suo viviamo, a lui siamo diretti.

Concilio Vaticano II, *Lumen Gentium*, n. 3

Il nostro Salvatore nell'Ultima Cena, la notte in cui fu tradito, istituì il sacrificio eucaristico del suo Corpo e del suo Sangue, onde perpetuare nei secoli, fino al suo ritorno, il sacrificio della croce e per affidare così alla sua diletta sposa, la Chiesa, il memoriale della sua morte e della sua risurrezione.

Concilio Vaticano II,
Sacrosanctum Concilium, n. 83

approfondiamo...

I gesti dell'eucaristia

Nell'Ultima Cena, Cristo ha istituito il sacrificio pasquale, per mezzo del quale è reso di continuo presente nella Chiesa il sacrificio della croce: il sacerdote, che rappresenta Cristo, compie ciò che Cristo stesso fece, dando incarico ai suoi discepoli di ripetere il medesimo gesto in sua memoria. Cristo, infatti, prese il pane e il calice, rese grazie, spezzò il pane e offrendoli ai discepoli, disse: "*Prendete, mangiate, bevete; questo è il mio Corpo, questo è il mio Sangue. Fate questo in memoria di me*". Perciò la Chiesa ha disposto tutta la celebrazione della liturgia eucaristica in vari momenti che corrispondono alle parole e ai gesti di Gesù: la preparazione, la preghiera eucaristica e i riti di comunione.

SEGUE

Un calice utilizzato per il vino dell'eucaristia.

leggiamo l'immagine

L'Ultima Cena

La cena prima dell'arresto e della condanna di Gesù fu consumata in una casa, al piano superiore, dove si trovava normalmente la stanza per dividere i pasti, già pronta con tappeti e cibi. Fu lì che Gesù istituì l'eucaristia, memoria della sua morte e risurrezione: una scena riprodotta per la sua importanza da molti artisti.
Leonardo da Vinci dipinse questa scena nella parete nord del refettorio della basilica di Santa Maria delle Grazie a Milano, tra il 1495 e il 1497. Scelse però una chiave particolare, perché riprodusse il momento immediatamente successivo alla frase pronunciata da Gesù: "*uno di voi mi tradirà*" (Gv 13,21). L'annuncio produce uno sconcerto immediato tra gli apostoli, che si chiedono chi sarà il traditore. La loro incredulità è in pieno contrasto con l'espressione assorta e consapevole del Cristo, in centro alla scena. Leonardo mostra così un particolare dell'Ultima Cena, quello in cui più forte è la distanza tra gli uomini e il Cristo: il tradimento è l'innesco della cattura e della condanna di Gesù, la fine della sua vicenda umana. Dopo quell'evento, la vicenda del Cristo e quella degli apostoli si differenzieranno radicalmente: questi ancorati alla loro debolezza umana, il Cristo alla prospettiva della salvezza. Eppure Cristo non ha aureola, non ha un segno di santità "visibile"; il suo capo è illuminato solo dalla luce del crepuscolo che viene dalle finestre in fondo alla stanza. La sua espressione è genuinamente distante da quella dei discepoli, esprime una sorta di santità naturale che domina realtà e spirito; l'Ultima Cena è l'anello di congiunzione tra la realtà degli uomini e quella del cielo, che si apre a prezzo di un tradimento inatteso.

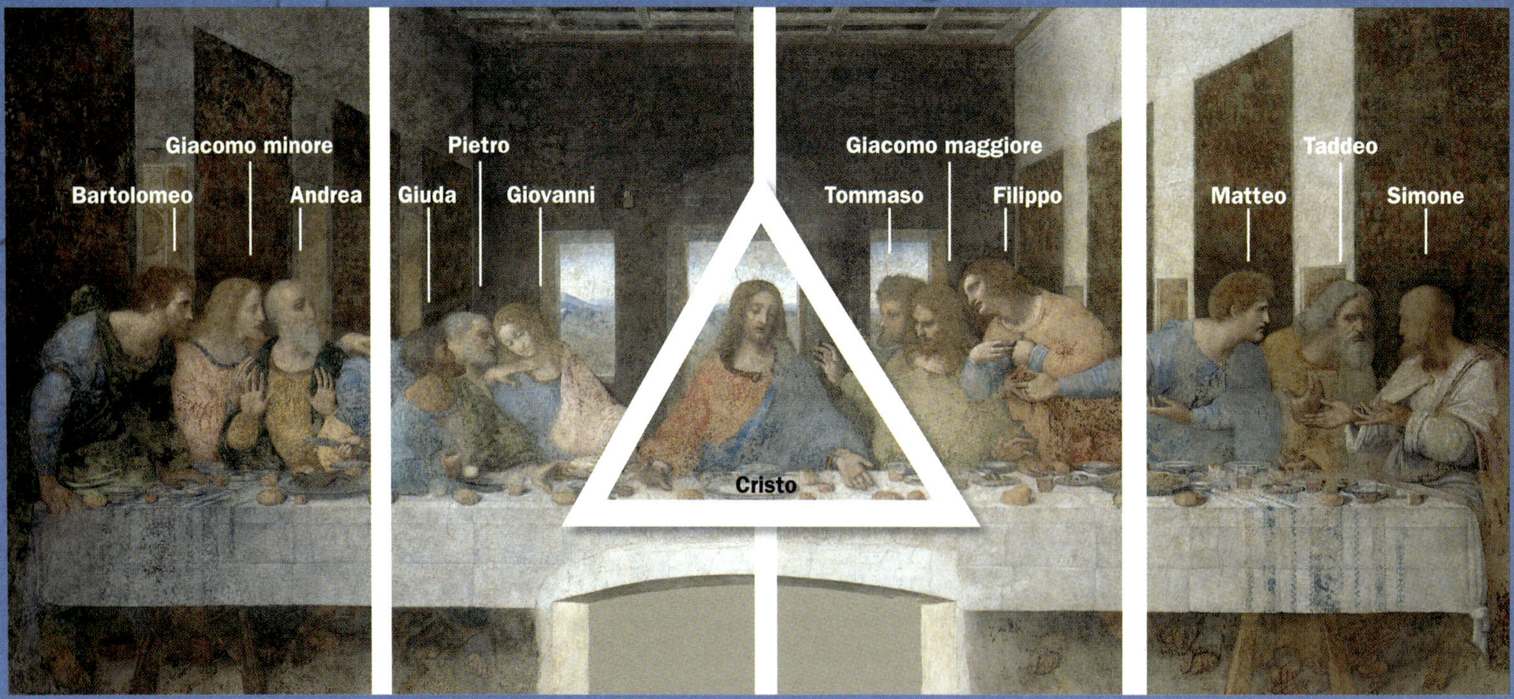

1 I commensali

Gli apostoli sono raggruppati a tre a tre: da sinistra a destra vediamo Bartolomeo, Giacomo minore, Andrea; Giuda, Pietro, Giovanni; Tommaso, Giacomo maggiore, Filippo; Matteo, Taddeo, Simone. Tutte le espressioni degli apostoli sono studiate attentamente per riprodurre uno stato d'animo: nei gesti delle mani, nella mimica del volto, nella posizione del corpo.

2 La disposizione

La scena ha una precisa disposizione, in cui è evidente la figura centrale del Cristo, come racchiusa in un triangolo; mentre le figure degli apostoli, a tre a tre, sono rappresentate in due "scomparti" a destra e a sinistra del Cristo. Tendono verso il Cristo o discutono fra loro, assorbiti dall'annuncio del tradimento. Spicca la solitudine del Maestro.

3 **La mano di Pietro**

La lama del coltello in mano a Pietro è stata oggetto di recenti interpretazioni piuttosto fuorvianti (ad esempio nel romanzo di D. Brown, *Il codice Da Vinci*). In tutta la pittura dello stesso periodo storico Pietro è quello rappresentato così, perché poco dopo userà quella lama per tagliare l'orecchio al servo del Sommo Sacerdote nell'orto degli Ulivi. Non si tratta che di un'anticipazione di ciò che accadrà.

4 **Il gesto di Giuda**

Giuda è raffigurato con un sacchetto di monete stretto nella mano destra. Mentre gli apostoli si interrogano sull'incredibile annuncio appena ricevuto, è proprio questo gesto a rivelare chi sarà l'autore del tradimento di Cristo. Lo comprende chi osserva il dipinto, ma non ancora gli apostoli, che si guardano increduli.

7 I sacramenti della guarigione

IL CONFORTO NELLA MISERICORDIA DI DIO

I sacramenti della **penitenza** e dell'**unzione degli infermi** hanno lo scopo di aiutare l'uomo a vivere ogni situazione di limite umano con la consapevolezza che non è solo e che può **trovare conforto in Dio e nella sua** misericordia.
Ambedue sono sacramenti ripetibili, giacché intervengono in situazioni che ricorrono frequentemente nell'esperienza umana.

LA PENITENZA

Il sacramento della **penitenza** (chiamato anche sacramento della **confessione**, del **perdono**, della **riconciliazione**) **permette al peccatore di ritrovare l'amicizia di Dio** attraverso alcuni gesti liturgici. La penitenza si riferisce al **peccato**, alle sue manifestazioni esterne e alla radice che ha nel cuore e nella vita del peccatore.
L'atteggiamento della penitenza, che è alla base del sacramento, consiste nella **conversione** e nel **ritorno a Dio**. Penitenza significa quindi "rovesciamento della situazione", "cambiamento di mentalità", riconciliarsi con Dio e con la Chiesa. Ne deriva, come conseguenza, il rifiuto degli atteggiamenti e dei gesti del peccato.
La conversione del peccatore è sempre **frutto gratuito della grazia di Dio**. Senza un **pentimento sincero**, autentico, non è possibile riconciliarsi con Dio. È per questo che il confessore può chiedere che venga recitata la preghiera dell'"atto di dolore". Il pentimento, poi, deve essere accompagnato da **atti concreti**, siano essi preghiere o riparazioni di un qualche danno causato. L'atteggiamento del penitente deve quindi essere di **estrema umiltà**. È importante nel penitente la consapevolezza che l'amore di Dio è talmente forte da perdonare anche le più gravi mancanze. Da parte sua deve esservi la disponibilità ad accogliere il perdono di Dio e a cambiare vita. Solo con questo sincero intendimento il penitente potrà ricevere la grazia, che gli consentirà di accostarsi nuovamente all'eucaristia.

L'UNZIONE DEGLI INFERMI

Il sacramento dell'**unzione degli infermi** è segno della vicinanza di Dio e della Chiesa alle situazioni di sofferenza grave e difficile da sopportare da soli. Ricorda l'attenzione che Gesù ha sempre avuto nei confronti dei malati e comprende la promessa che la malattia e la sofferenza non sono, per chi crede, l'ultima parola, ma permettono di **aprirsi alla speranza della salvezza**. Questo sacramento si presenta come un aiuto a vivere la vita soprannaturale nonostante le difficoltà particolari dell'infermità, e come un conforto al corpo perché le sue sofferenze non impediscano lo slancio dello spirito. Molteplici sono gli **effetti** che l'unzione sacra dona: la **grazia**, la **remissione dei peccati**, il **sollievo durante la prova** e, talvolta, la **guarigione** del malato nel corpo e nello spirito. Ha inoltre una **dimensione comunitaria**, cioè sottolinea che tutta la comunità dei fedeli è accanto a chi soffre e compartecipa alla sua esperienza di dolore.

RISORSE DIGITALI

LEGGIAMO LE FONTI
- Il significato profondo dell'unzione
- La preghiera e l'alleggerimento della pena

leggiamo le fonti

La misericordia e il perdono

La misericordia in se stessa, come perfezione di Dio infinito, è anche infinita. Infinita, quindi, e inesauribile è la prontezza del Padre nell'accogliere i figli prodighi che tornano alla sua casa. Sono infinite la prontezza e la forza del perdono, che scaturiscono continuamente dal mirabile valore del sacrificio del Figlio. Nessun peccato umano prevale su questa forza e nemmeno la limita. Da parte dell'uomo può limitarla soltanto la mancanza di buona volontà, la mancanza di prontezza nella conversione e nella penitenza, cioè il perdurare nell'ostinazione, contrastando la grazia e la verità, specie di fronte alla testimonianza della croce e della risurrezione di Cristo.

GIOVANNI PAOLO II, *Dives in misericordia*, 13

In verità io vi dico: tutto quello che legherete sulla terra sarà legato in cielo, e tutto quello che scioglierete sulla terra sarà sciolto in cielo.

Mt 18,18

Detto questo, soffiò e disse loro: "Ricevete lo Spirito Santo. A coloro a cui perdonerete i peccati, saranno perdonati; a coloro a cui non perdonerete, non saranno perdonati".

Gv 20,22-23

Giuseppe Maria Crespi, *La confessione*, 1743; Torino, Galleria Sabauda.

approfondiamo...

I gesti della penitenza e dell'unzione degli infermi

La penitenza

Il peccatore, durante un colloquio semplice e sincero, manifesta il suo pentimento attraverso l'accusa dei peccati, la confessione di fede in Dio misericordioso e l'impegno a cambiare vita. Il sacerdote gli conferma il perdono a nome di Dio e della comunità, con le parole dell'assoluzione: "*Dio, Padre di misericordia, che ha riconciliato a sé il mondo nella morte e risurrezione del suo Figlio, e ha effuso lo Spirito Santo per la remissione dei peccati, ti conceda, mediante il ministero della Chiesa, il perdono e la pace. E io ti assolvo dai tuoi peccati nel nome del Padre e del Figlio e dello Spirito Santo*". Infine gli propone una preghiera o un gesto concreto attraverso il quale egli dovrà confermare la sua volontà di rinnovamento.

L'unzione degli infermi

Il sacerdote impone le mani sul capo dell'infermo e lo unge con l'olio santo sulla fronte e sulle mani, perché l'uomo pensa e agisce, dicendo la seguente formula: "*Per questa santa unzione e per la sua piissima misericordia ti aiuti il Signore con la grazia dello Spirito Santo. E, liberandoti dai peccati, ti salvi e nella sua bontà ti sollevi*". Il rito può essere variato a seconda delle situazioni e comprende un rito di introduzione, la lettura della Parola di Dio, l'unzione e il rito di conclusione con la recita della preghiera del *Padre Nostro*.

8 I sacramenti al servizio della comunione

L'ORDINE SACRO

La comunità delle origini sentì profondamente l'impegno di vivere e di annunciare il Vangelo. Gli apostoli, che avevano ricevuto l'incarico da Cristo di ammaestrare le genti e di battezzarle (Mt 28,18-20), poiché non potevano occuparsi di tutto ed essere presenti ovunque, vennero supportati da alcuni cristiani consacrati per una particolare missione. Tale **consacrazione** avveniva mediante l'**imposizione delle mani**, un gesto che indica il dono dello Spirito Santo. Il sacramento dell'**ordine sacro** conferisce alla persona battezzata che lo riceve alcune caratteristiche specifiche. **Il ministro della Chiesa**, consacrato da questo sacramento, **si dedica totalmente al servizio del Vangelo per la Chiesa e per il Regno di Dio**.
L'ordinazione è il culmine di un lungo cammino iniziato con la **vocazione**, cioè con la chiamata di Dio. Occorre dunque saper riconoscere tale vocazione **negli atti e nei pensieri di ogni giorno**. Chi viene scelto dal Signore, viene consacrato, e la consacrazione, nel sacramento dell'ordine, significa **una presa di possesso da parte di Cristo**: Cristo gli comunica lo Spirito mandato dal Padre, lo fa divenire segno e strumento della sua azione di salvezza. I nuovi ministri ordinati vengono resi partecipi della triplice funzione di Cristo: Sacerdote, Profeta e Re; il sacramento conferisce quindi loro la missione di **santificare, dirigere e istruire il Popolo di Dio**.

IL MATRIMONIO

Paolo (in Ef 5,22-33) parla del **matrimonio** come di **una realtà umana in cui si manifesta nella sua pienezza la salvezza di Cristo**. Già nei primi secoli del cristianesimo vennero sottolineate riguardo a questo sacramento la sua dimensione religiosa e comunitaria, la necessità dell'aiuto e della grazia di Dio nell'unione matrimoniale e la sua valenza di **immagine dell'unione di Cristo con la Chiesa**.
Il Concilio Vaticano II, oltre a evidenziare i fini del matrimonio, ha ripreso il tema del sacramento come **segno e partecipazione dell'amore di Cristo per la Chiesa**. Con la celebrazione del matrimonio gli sposi cristiani partecipano dell'amore sponsale di Cristo e della Chiesa e ricevono la grazia di viverla e manifestarla nel loro rapporto di coppia e nella vita familiare.
Il matrimonio **consacra il legame che unisce nell'amore l'uomo e la donna**, rende visibile al mondo l'unità d'amore che lega Cristo alla sua Chiesa e nello stesso tempo diventa strumento di santificazione per gli sposi.
Lo scopo del matrimonio è l'**amore reciproco** dell'uomo e della donna: **fedele**, senza limiti temporali; **fecondo** nella procreazione e nell'educazione umana e religiosa dei figli; **vissuto** dalla coppia **nella comunità** civile e religiosa; **aperto al servizio**.
L'**anello** che gli sposi si scambiano durante la cerimonia viene anche chiamato "fede", a testimoniare come essi si impegnino a rimanere fedeli l'uno all'altro per tutta la vita, nei momenti lieti come in quelli difficili.
Essi promettono quindi di amarsi, nello spirito e nel corpo, e di santificare questo amore con la nascita dei **figli**, che essi si impegnano ad amare, a far battezzare e a far diventare buoni cristiani, membri anch'essi della Chiesa di Dio.

RISORSE DIGITALI

APPROFONDIAMO...
- I responsabili della comunità ecclesiale

LEGGIAMO LE FONTI
- Vari ministeri della Chiesa
- La comunione della Chiesa
- La fedeltà oltre la legge: una carne sola
- Il matrimonio nel disegno di Dio

approfondiamo...

I gesti dell'ordine sacro e del matrimonio

L'ordine sacro

Ogni ordinazione avviene sempre durante la celebrazione eucaristica. Il gesto fondamentale in questo sacramento è l'imposizione delle mani e vi sono riti liturgici diversi per l'ordinazione episcopale, per quella presbiteriale e per quella diaconale, con le relative formule di consacrazione. Il vescovo ordinato viene unto sul capo con il sacro crisma e poi riceve in consegna il libro dei Vangeli, l'anello, la mitra e il pastorale.

Il matrimonio

Con il nuovo rito del matrimonio sono stati introdotti alcuni gesti significativi e sono state pensate più forme con cui gli sposi sono coinvolti nell'azione rituale: la processione al fonte battesimale per fare memoria del battesimo; la venerazione del Vangelo (terminata la lettura del Vangelo anche gli sposi baciano l'evangelario); la possibilità di scegliere le diverse formule per esprimere il consenso sponsale e per invocare la benedizione; la presentazione dell'offerta all'altare.

SEGUE

Un momento del rito dell'ordinazione a sacerdote.

leggiamo le fonti

Il segno dell'amore sponsale di Cristo e della Chiesa

Tutta la vita cristiana porta il segno dell'amore sponsale di Cristo e della Chiesa. Già il Battesimo, che introduce nel popolo di Dio, è un mistero nuziale: è, per così dire, il lavacro di nozze che precede il banchetto di nozze, l'Eucaristia. Il matrimonio cristiano diventa, a sua volta, segno efficace, sacramento dell'Alleanza di Cristo e della Chiesa. Poiché ne significa e ne comunica la grazia, il Matrimonio fra battezzati è un vero sacramento della Nuova Alleanza.

Catechismo della Chiesa cattolica, n. 1617

I coniugi cristiani, in virtù del sacramento del matrimonio, col quale significano e partecipano il mistero di unità e di fecondo amore che intercorre tra Cristo e la Chiesa (Ef 5,32), si aiutano a vicenda per raggiungere la santità nella vita coniugale; accettando ed educando la prole essi hanno così, nel loro stato di vita e nella loro funzione, il proprio dono in mezzo al popolo di Dio (1Cor 7,7). Da questa missione, infatti, procede la famiglia, nella quale nascono i nuovi cittadini della società umana, i quali per la grazia dello Spirito Santo diventano con il battesimo figli di Dio e perpetuano attraverso i secoli il suo popolo.

CONCILIO VATICANO II, *Lumen Gentium*, n. 11

Il rito del matrimonio.

9 L'anno liturgico

LA LITURGIA CRISTIANA E IL TEMPO QUOTIDIANO

Anche per quanto riguarda la scansione del tempo la liturgia cristiana ha inciso sulla strutturazione della vita quotidiana. Siamo abituati da molti secoli ormai a organizzare il tempo in settimane, con sei giorni di lavoro e uno di riposo (**la domenica, il giorno del Signore**), o l'anno con due grandi periodi di festa, quello intorno al **Natale** (che cade il 25 dicembre, ricollegandosi alla celebrazione pagana della festa del Sole, perché per i cristiani Gesù è il Vero Sole) e quello intorno alla **Pasqua**, ovvero intorno a due feste cristiane, quella dell'incarnazione e quella della risurrezione del Cristo.

LE PRINCIPALI FESTE CRISTIANE

Alla celebrazione del **Natale** precede un periodo di preparazione, detto **Avvento**, un tempo di preghiera e penitenza in vista della celebrazione natalizia, che comincia con l'ultima domenica di novembre o la prima di dicembre. L'Avvento inaugura **l'anno liturgico**, cioè il periodo in cui si ripercorrono i fatti salienti della storia della salvezza, leggendo durante le celebrazioni domenicali passi biblici significativi e seguendo la lettura continuata di uno dei quattro Vangeli.
Alla solennità della **Pasqua** viene fatto precedere un periodo di preparazione, che fino al IV secolo consisteva in una settimana di digiuno e penitenza. Dal IV secolo in poi questo periodo si strutturò in un tempo di quaranta giorni, detto **Quaresima** (nella Bibbia sono numerosi i riferimenti al numero quaranta: ad esempio, quaranta furono gli anni in cui il popolo eletto vagò nel deserto; quaranta furono i giorni trascorsi da Gesù in preghiera e digiuno nel deserto).
Il "tempo pasquale", successivo alla celebrazione della Pasqua, dura cinquanta giorni: quaranta sono i giorni che ricordano il tempo in cui Gesù risorto si manifesta ai discepoli, fino all'**Ascensione** al cielo nella gloria di Dio; gli altri dieci giorni completano il tempo fino alla **Pentecoste**, in cui si commemora come, grazie al dono dello Spirito Santo, la salvezza di Cristo è offerta a tutti.

RISORSE DIGITALI

VIDEO

- Il dì di festa – La domenica

TEMPO SACRO E TEMPO PROFANO

La scansione secondo il calendario liturgico dimostra come **il mondo europeo sia stato permeato dalla presenza del cristianesimo**, che ha introdotto nella vita quotidiana abitudini proprie della sua liturgia che tuttora viviamo come scansioni "normali" della nostra vita. D'altro canto, la divisione tra un tempo della festa e uno della quotidianità non è un'invenzione cristiana: dal mondo antico a oggi, la presenza di un culto è stata sempre occasione di **distinzione tra un tempo dedicato al sacro**, alle sue ricorrenze, ai suoi riti e misteri, **e un tempo rivolto al profano**, nel quale si lavora, si studia o si bada alle cose di tutti i giorni.
La **liturgia**, quindi, costituisce la **dimensione più quotidiana della vita di fede**, quella che accomuna nel tempo chi appartiene al cristianesimo o, più genericamente, alla cultura dell'Occidente, che per secoli al cristianesimo si è riferita.

approfondiamo...

La domenica, il giorno del Signore

La Chiesa delle origini mantenne alcune tradizioni particolari ereditate dall'ebraismo, adattandole però a ciò che distingueva in modo specifico il cristianesimo. È il caso, ad esempio, della settimana cristiana. La suddivisione in sette giorni è un'eredità dell'ebraismo, ma mentre l'ebraismo considerava come settimo giorno della settimana – e dunque giorno di festa – il sabato, i cristiani scelsero la domenica – il giorno della risurrezione – come giorno in cui riunirsi per la celebrazione del culto comunitario. La domenica cominciò, dunque, a essere osservata come giorno settimanale di riposo e di culto, a causa della sua associazione con la risurrezione di Cristo.

Un altro esempio di fedeltà e adattamento della tradizione lo troviamo nella pratica del digiuno, che i cristiani ripresero dall'ebraismo, dedicandovi però giorni diversi. Gli ebrei seguivano il digiuno il lunedì e il giovedì, i cristiani invece scelsero il mercoledì e il venerdì. Nei secoli successivi, in Occidente rimase solo il venerdì – il giorno della passione e morte di Cristo – come giorno settimanale di digiuno. In modo simile alla domenica, il venerdì divenne un giorno "speciale" per la sua associazione con l'evento della passione e morte di Cristo.

leggiamo le fonti

L'anno liturgico e il mistero pasquale

Secondo la tradizione apostolica, che trae origine dal giorno stesso della risurrezione di Cristo, la Chiesa celebra il Mistero pasquale ogni otto giorni, in quello che si chiama giustamente Giorno del Signore o domenica. [...]

La domenica è per eccellenza il giorno dell'Assemblea liturgica, giorno in cui i fedeli si riuniscono perché, ascoltando la Parola di Dio e partecipando all'Eucaristia, facciano memoria della Passione, della Risurrezione e della gloria del Signore Gesù, e rendano grazie a Dio che li ha "rigenerati per una speranza viva per mezzo della Risurrezione di Gesù Cristo dai morti". [...]

A partire dal Triduo Pasquale, come dalla sua fonte di luce, il tempo nuovo della Risurrezione permea tutto l'anno liturgico del suo splendore. Progressivamente, da un versante e dall'altro di questa fonte, l'anno è trasfigurato dalla Liturgia. [...]

La Pasqua non è semplicemente una festa tra le altre: è la "Festa delle feste", la "Solennità delle solennità", come l'Eucaristia è il Sacramento dei sacramenti (il Grande sacramento). [...] Il Mistero della Risurrezione, nel quale Cristo ha annientato la morte, permea della sua potente energia il nostro vecchio tempo, fino a quando tutto gli sia sottomesso. [...]

L'anno liturgico è il dispiegarsi dei diversi aspetti dell'unico Mistero pasquale. Questo è vero soprattutto per il ciclo delle feste relative al Mistero dell'Incarnazione (Annunciazione, Natale, Epifania), le quali fanno memoria degli inizi della nostra salvezza e ci comunicano le primizie del Mistero di Pasqua.

Catechismo della Chiesa cattolica, nn. 1166-1169; 1171

Jean Colombe, *La Messa di Natale*, miniatura, XV secolo; Chantilly, Museo Condé.

approfondiamo...

Gesù, i sacramenti, la preghiera

La celebrazione eucaristica è costituita da due parti, la liturgia della Parola e la liturgia eucaristica; esse sono così strettamente congiunte tra loro da formare un unico atto di culto. Nella Messa, infatti, viene imbandita tanto la mensa della Parola di Dio quanto la mensa del Corpo di Cristo, e i fedeli ne ricevono istruzione e ristoro.

I primi secoli del cristianesimo

Nel Vangelo di Matteo si legge: *"Gesù prese il pane, recitò la benedizione, lo spezzò e, mentre lo dava ai discepoli, disse: 'Prendete, mangiate: questo è il mio corpo'. Poi prese il calice, rese grazie e lo diede loro, dicendo: 'Bevetene tutti, perché questo è il mio sangue dell'alleanza, che è versato per molti per il perdono dei peccati'."* (Mt 26,26-28). Anche Giovanni riporta le parole di Gesù: *"Chi mangia la mia carne e beve il mio sangue ha la vita eterna e io lo risusciterò nell'ultimo giorno. Perché la mia carne è vero cibo e il mio sangue vera bevanda. Chi mangia la mia carne e beve il mio sangue rimane in me e io in lui".* (Gv 6, 54-56). L'eucaristia è dunque pegno d'immortalità, e sacramento di comunione con il Cristo. Lo stesso posizionamento sull'altare del pane e del vino è un gesto simbolico: esprime il dono e la partecipazione dell'assemblea dei fedeli nella presentazione del pane-cibo quotidiano, e del vino-bevanda della festa. Durante la Messa il sacerdote a nome del popolo benedice Dio per questi alimenti fondamentali: "Benedetto sei tu, Signore, Dio dell'universo: dalla tua bontà abbiamo ricevuto questo pane, frutto della terra e del lavoro dell'uomo; lo presentiamo a te, perché diventi per noi cibo di vita eterna", "Benedetto sei tu, Signore, Dio dell'universo: dalla tua bontà abbiamo ricevuto questo vino, frutto della vite e del lavoro dell'uomo; lo presentiamo a te, perché diventi per noi bevanda di salvezza". Queste parole costituiscono la cosiddetta *Preghiera alla presentazione dei doni*. Infatti la preghiera è un momento importante anche per la liturgia eucaristica, non solo per la liturgia della Parola vera e propria, dove Dio parla al suo popolo per mezzo del suo Figlio, Cristo, Parola vivente. La Parola di Gesù si presenta dunque anche come elemento di collegamento tra i sacramenti e la stessa preghiera, come ce l'ha insegnata Gesù stesso.

L'istituzione dell'eucaristia raffigurata in un bassorilievo del XII secolo.

Gesù prega

Gesù Cristo prega spesso. Gli evangelisti lo mostrano in preghiera in ogni tappa importante della sua vita. Egli prega partecipando assiduamente alla liturgia d'Israele.
Il Vangelo di Luca ci mostra Gesù in preghiera al momento del suo battesimo. Le poche parole del Padre esprimono la missione di Gesù: la parola di Dio è una risposta del Padre alla preghiera del Figlio. Prima di cominciare la sua vita pubblica si lascia riempire dallo Spirito Santo e condurre da lui (Lc 4,1-13). Durante l'esperienza della tentazione e del digiuno per quaranta giorni nel deserto, la preghiera diventa una lotta con la fragilità umana e anche se gli vengono proposte situazioni in cui il male trova normalmente un terreno favorevole, Gesù non cede. Prega prima di scegliere i dodici apostoli (Lc 6,12-13). Invoca il Padre in pubblico e durante la sua attività. Si ritira lunghe ore in solitudine, nel deserto o sui monti, di notte o di mattina presto a pregare (Lc 9,28-36). Da questo intimo dialogo con il Padre trae energia e ispirazione per la sua missione, soprattutto nei momenti decisivi. Prega prima di preannunciare ai suoi discepoli la sua passione (Lc 9,18-22) e prega nel momento della trasfigurazione, che è la manifestazione visibile della sua preghiera. Infine Gesù prega nel momento culminante della sua vita e della sua missione: nell'Ultima Cena, al monte degli Ulivi (Lc 22,41-42), sulla croce (Lc 23,33-34; 46).
In Gesù, Dio si lascia conoscere. Nella preghiera di Gesù, Dio diventa accessibile.

Gesù in preghiera in un dipinto di Martin Schongauer (1485); Collezione privata.

Gesù insegna a pregare

Per Gesù la preghiera è il segno e la manifestazione della sua radicale disponibilità a compiere la volontà del Padre. La preghiera fiduciosa di Gesù è il modello di ogni autentica preghiera cristiana. La preghiera cristiana si comprende solo se si guarda pregare Cristo.
Non a caso, dopo averlo visto pregare, i suoi discepoli sentono la necessità di chiedergli di insegnare loro a pregare. L'insegnamento di Gesù rimanda all'esperienza fondamentale di "sapersi figli di Dio", cioè riconoscersi creati e dipendenti da lui, accettando di "dovergli tutto", ma capaci di chiedere e di affidarsi a Lui.
Leggiamo l'episodio narrato nel Vangelo di Luca:
Gesù si trovava in un luogo a pregare; quando ebbe finito, uno dei suoi discepoli gli disse: "Signore, insegnaci a pregare, come anche Giovanni ha insegnato ai suoi discepoli". Ed egli disse loro: "Quando pregate, dite:
Padre,
sia santificato il tuo nome,
venga il tuo regno;
dacci ogni giorno il nostro pane quotidiano,
e perdona a noi i nostri peccati,
anche noi infatti perdoniamo a ogni nostro debitore,
e non abbandonarci alla tentazione".
Poi disse loro: "Se uno di voi ha un amico e a mezzanotte va da lui a dirgli: 'Amico, prestami tre pani, perché è giunto da me un amico da un viaggio e non ho nulla da offrirgli', e se quello dall'interno gli risponde: 'Non m'importunare, la porta è già chiusa, io e i miei bambini siamo

James Tissot, *La preghiera del Signore ovvero il "Padre Nostro"*, 1886-1896; New York, Brooklyn Museum of Art.

a letto, non posso alzarmi per darti i pani', vi dico che, anche se non si alzerà a darglieli perché è suo amico, almeno per la sua invadenza si alzerà a dargliene quanti gliene occorrono.

Ebbene, io vi dico: chiedete e vi sarà dato, cercate e troverete, bussate e vi sarà aperto. Perché chiunque chiede riceve e chi cerca trova e a chi bussa sarà aperto. Quale padre tra voi, se il figlio gli chiede un pesce, gli darà una serpe al posto del pesce? O se gli chiede un uovo, gli darà uno scorpione? Se voi dunque, che siete cattivi, sapete dare cose buone ai vostri figli, quanto più il Padre vostro del cielo darà lo Spirito Santo a quelli che glielo chiedono!". (Lc 11,1-13).

Gesù trasmette ai suoi discepoli il suo atteggiamento filiale verso Dio, insegnando loro la preghiera del *Padre Nostro* come espressione della comunione con Dio e come segno distintivo del rapporto che li unisce a Lui.

Il *Padre Nostro* è la preghiera dei figli che fanno proprio il progetto del Padre (l'avvento del suo Regno) e si abbandonano totalmente a lui, protesi verso una salvezza più grande di quella che ciascuno può programmare o costruire con le proprie forze.

Insegnato da Gesù, il *Padre Nostro*, la "preghiera del Signore" come viene chiamato dalla Tradizione, è la grande preghiera del cristiano. Comune a tutte le confessioni cristiane, viene recitato negli incontri ecumenici come segno e volontà dell'unione con Cristo. Occupa un posto importante nella preghiera personale e in quella comunitaria. Nella Messa viene recitato o cantato in preparazione all'eucaristia.

Gesù prega per i discepoli

Nel capitolo 17 del Vangelo di Giovanni è riportata la preghiera che Gesù rivolge al Padre celeste all'interno del suo testamento spirituale prima degli eventi della Passione. È una delle pagine più belle del Vangelo di Giovanni ed è una lunga effusione del Figlio al Padre e, nello stesso tempo, la più alta rivelazione che Gesù fa su di se stesso.

Per i suoi discepoli Gesù chiede che "*siano una cosa sola*" e che il Padre "*li custodisca dal Maligno*" e li consacri "*nella verità*", cioè invoca su di loro la protezione del Padre e il dono della "*unità*". I discepoli infatti sono immersi "*nel mondo*" ostile a Dio, ma "*non sono del mondo*"; sono mandati nel mondo a continuare la missione di Gesù per portare agli uomini la conoscenza di Dio e la salvezza. Così prosegue la preghiera di Gesù:

"Non prego solo per questi, ma anche per quelli che crederanno in me mediante la loro parola: perché tutti siano una sola cosa; come tu, Padre, sei in me e io in te, siano anch'essi in noi, perché il mondo creda che tu mi hai mandato.

E la gloria che tu hai dato a me, io l'ho data a loro, perché siano una sola cosa come noi siamo una sola cosa. Io in loro e tu in me, perché siano perfetti nell'unità e il mondo conosca che tu mi hai mandato e che li hai amati come hai amato me.

Padre, voglio che quelli che mi hai dato siano anch'essi con me dove sono io, perché contemplino la mia gloria, quella che tu mi hai dato; poiché mi hai amato prima della creazione del mondo.

Padre giusto, il mondo non ti ha conosciuto, ma io ti ho conosciuto, e questi hanno conosciuto che tu mi hai mandato. E io ho fatto conoscere loro il tuo nome e lo farò conoscere, perché l'amore con il quale mi hai amato sia in essi e io in loro". (Gv 17,20-26).

L'utilità della preghiera

Gli apostoli più volte ammoniscono i credenti ad essere perseveranti nella preghiera che nello Spirito Santo, per mezzo di Cristo, viene elevata a Dio. Essi assicurano la forza santificante della preghiera, incitano a inneggiare al Signore, a rendere grazie a Dio Padre, a intercedere presso Dio per tutti gli uomini.
I primi discepoli che si riuniscono intorni agli apostoli ci vengono descritti negli Atti come "*perseveranti nell'insegnamento degli apostoli e nella comunione, nello spezzare il pane e nelle preghiere*" (At 2,42).
San Paolo chiede spesso di pregare perché le comunità che egli stesso ha evangelizzato perseverino nella fede e crescano nella speranza e nella carità. La preghiera è componente essenziale di ogni apostolato, poiché l'apostolo è semplicemente strumento della grazia di Dio che opera attraverso di lui. Leggiamo un brano della lettera di Paolo agli efesini:
"*In ogni occasione, pregate con ogni sorta di preghiere e di suppliche nello Spirito, e a questo scopo vegliate con ogni perseveranza e supplica per tutti i santi. E pregate anche per me, affinché, quando apro la bocca, mi sia data la parola, per far conoscere con franchezza il mistero del Vangelo, per il quale sono ambasciatore in catene, e affinché io possa annunciarlo con quel coraggio con il quale devo parlare*". (Ef 6,18-20).
La preghiera unita alla fede nell'azione divina, per aiutare la persona nella sofferenza fisica e spirituale, chiude la lettera di Giacomo:
"*Chi tra voi è nel dolore, preghi; chi è nella gioia, canti inni di lode. Chi è malato, chiami presso di sé i presbìteri della Chiesa ed essi preghino su di lui, ungendolo con olio nel nome del Signore. E la preghiera fatta con fede salverà il malato: il Signore lo solleverà e, se ha commesso peccati, gli saranno perdonati. Confessate perciò i vostri peccati gli uni agli altri e pregate gli uni per gli altri per essere guariti. Molto potente è la preghiera fervorosa del giusto*". (Gc 5,13-16).

Ferdinand Jodler, *Adorazione II*, 1894; Lugano, Museo cantonale d'Arte.

INTERATTIVA

verifica delle conoscenze e delle abilità

1 Indica se le affermazioni sono vere (V) o false (F).

a Il Concilio Vaticano II è stato convocato da papa Giovanni Paolo II. V F
b Il Concilio Vaticano II si è svolto a Gerusalemme. V F
c Il Concilio Vaticano II ebbe come scopo principale quello di "aggiornare" la Chiesa. V F
d I padri conciliari erano in disaccordo tra loro e non hanno potuto decidere nulla. V F
e Il Concilio si è interessato solo della Chiesa cattolica e non ha detto nulla sulle altre religioni. V F
f Dal Concilio Vaticano II sono stati emanati documenti aventi una funzione magisteriale per i credenti cattolici. V F
g Il Concilio, nei suoi documenti, valuta con considerazione anche il ruolo dei laici nella Chiesa. V F

2 Inserisci correttamente nel testo le seguenti parole o espressioni.

aggiornamento – Concilio Vaticano II – protestanti – pastorale – Paolo VI – Giovanni XXIII – non cristiani – 1962-1965 – Roma – Chiesa – apertura

Negli anni .... nella basilica di San Pietro a .... si è tenuto il .... Era stato convocato sotto il pontificato di papa .... ed è continuato sotto il pontificato di papa .... Il Concilio, oltre ad aver affrontato argomenti dottrinali e dogmatici, si è preoccupato dell'aspetto .... della Chiesa. Il Concilio ha dettato le linee di .... al dialogo sia con le Chiese .... e ortodosse sia con i .... Il merito più grande di questo Concilio è stato quello di aver introdotto un profondo .... in tutti i settori della vita della ....

3 Scegli il completamento corretto.

- **Le iniziative intraprese dal Concilio Vaticano II:**
  - *a* non hanno avuto conseguenze rilevanti nella vita della Chiesa
  - *b* hanno modificato notevolmente la vita della Chiesa
  - *c* hanno modificato solo in parte la vita della Chiesa
  - *d* sono state accolte con indifferenza
- **Il Concilio Vaticano II ha emanato documenti favorevoli:**
  - *a* al dialogo tra le confessioni cristiane e con le altre religioni
  - *b* solo al dialogo con le altre confessioni cristiane
  - *c* solo al dialogo e allo scambio di idee tra pensatori cattolici
  - *d* solo al dialogo con gli atei
- **Il Concilio Vaticano II ha sottolineato:**
  - *a* la superiorità del Concilio sul Papa
  - *b* l'importanza del dialogo interreligioso
  - *c* l'impossibilità della salvezza per chi non è cristiano
  - *d* la necessità di interrompere l'azione missionaria
- **Il sacramento è:**
  - *a* ogni atto compiuto dal sacerdote durante una celebrazione
  - *b* un rito magico
  - *c* un segno efficace della grazia di Dio
  - *d* un gesto benedetto

- **I sacramenti secondo la Chiesa cattolica sono:**
  - *a* due
  - *b* dieci
  - *c* sette
  - *d* cinque
- **Il battesimo:**
  - *a* è un momento di unità con Dio in Gesù Cristo
  - *b* rende pubblico il fatto che una persona vuole essere cristiana
  - *c* è una cerimonia con cui i genitori fanno conoscere al sacerdote il loro figlio
  - *d* rende il battezzato figlio di Dio e lo introduce nella Chiesa
- **Nel sacramento dell'eucaristia:**
  - *a* il pane e il vino sono elementi simbolici che ricordano il corpo e il sangue di Gesù
  - *b* il pane e il vino ricordano la presenza spirituale di Gesù
  - *c* il pane e il vino sono segno della presenza reale di Gesù Cristo
  - *d* il pane e il vino danno l'idea del banchetto

4 Spiega il significato dei seguenti termini.

Liturgia: ....
....

Salvezza: ....
....

Sacramento: ....
....

Segno: ....
....

5 Scegli il termine corretto, tra i due indicati nella parentesi, e sottolinealo.

a Dall'uva e dalle spighe di grano si ricavano il (vino/succo) e il pane, bevanda e cibo essenziali per la sopravvivenza degli (uomini/animali); questi, frutto della terra e del (lavoro/ozio) dell'uomo, sono stati scelti da Gesù per istituire il sacramento (dell'eucaristia/della confermazione).

b Durante l'Ultima Cena, (Gesù/Pietro) ha preso del pane e (del vino/dell'acqua) e li ha dati ai suoi discepoli come suo corpo e suo sangue e ha voluto che essi (ripetessero/abolissero) questo gesto in suo nome.

c Nella celebrazione eucaristica, quando il (sacerdote/diacono) consacra il pane e il vino, ripetendo le parole di (Gesù/Dio), avviene il più grande miracolo possibile sulla terra: la (transustanziazione/consustanziazione), cioè il cambiamento di sostanza del pane e del vino in corpo e sangue di Gesù. In quel segno Gesù offre all'uomo tutta la sua vita di Figlio di Dio fatto uomo, la sua esistenza data per amore.

mappa

INTERATTIVA

Con il ....
la .... **si apre**
ai "segni dei tempi" e **si rinnova**

Verso l'interno:
- spazio all'................................ laico
- rinnovamento della .... del clero e dei ....
- riforma della liturgia

Verso l'esterno:
- impegno a favore dei diritti ....
- dialogo .... e impegno ecumenico
- inculturazione del ....

La Chiesa **vive nel tempo e nello spazio**
la sua .... in Dio
attraverso la ....
dei sacramenti

Sacramenti dell'iniziazione:
- Battesimo
- Confermazione (o cresima)
- ....

Sacramenti della guarigione:
- ....
- Unzione dei malati

Sacramenti al servizio della comunione:
- ....
- Matrimonio

Completa la mappa inserendo le seguenti parole o espressioni.

vita – Vangelo – Eucaristia – Chiesa – umani – celebrazione – fedeli – interreligioso – Concilio Vaticano II – Penitenza – fede – Ordine sacro – apostolato

attività per la verifica delle competenze

1 Ti ricordi quale Papa definiva il servizio della sua carica come quello di "servo dei servi di Dio"? Sai, invece, come si è definito papa Benedetto XVI al momento della sua elezione? Con l'aiuto dell'insegnante, cerca la definizione e spiegane il significato.

2 Chiedi ai tuoi nonni o a qualche altra persona non più giovane se ricorda la celebrazione della Messa con il sacerdote che dava le spalle all'assemblea e con l'uso del latino. Com'è stato vissuto il mutamento delle abitudini liturgiche?

3 "Il cristiano, se è autentico, deve essere praticante, cioè deve partecipare direttamente e in modo visibile alla vita della Chiesa, ricevere i sacramenti, andare a Messa". Sei d'accordo con questa affermazione? Se sì, perché? Se no, perché? Discutine con i compagni.

4 Per comunicare sovente utilizziamo il linguaggio gestuale, e il gesto spesso abbrevia i tempi di comunicazione. Segni e simboli sono fondamentali, purché condivisi nel significato. Ad esempio, che cosa indica la stretta di mano? E la pacca sulla spalla? Anche nei sacramenti viene utilizzato il linguaggio gestuale e vi sono gesti che caratterizzano ogni sacramento. Con l'aiuto dell'insegnante prova a individuare i gesti che permettono di riconoscere ciascun sacramento e trascrivili nella tabella sottostante.

SACRAMENTO	GESTI
Battesimo	
Confermazione	
Eucaristia	
Penitenza	
Unzione dei malati	
Ordine sacro	
Matrimonio	

5 Da un punto di vista cristiano, il pentimento è un atto che coinvolge l'intelligenza, le emozioni e la volontà. Chi si pente rivoluziona i suoi pensieri e i suoi sentimenti e manifesta l'intenzione di adottare atteggiamenti conformi al volere di Dio. Insomma, colui che si pente prende atto di aver peccato contro Dio e di voler cambiare. Secondo te, al di fuori dello specifico contesto cristiano, che cosa significa pentirsi di qualcosa? Cerca su internet alcuni pensieri sul pentimento e discutine con i compagni.

6 Oltre alle feste religiose, vi sono anche feste civili. Sai, ad esempio, che cosa si festeggia in Italia il 25 aprile? E il 2 giugno? Perché in occasione delle feste non si lavora e non si va a scuola? Quale significato ha sospendere le normali attività? Che cosa significa per te la festa? È un momento positivo o negativo? Serve a ritemprarti e a svagarti o è motivo di malinconia? Confronta i tuoi stati d'animo e i tuoi pensieri con quelli dei tuoi compagni.

REPERTORIO LEMMI